URSULA WAWRZINEK
ANNETTE SCHAUER

Was tun, wenn es brennt?

Neue Strategien gegen Burnout

Klett-Cotta

Klett-Cotta

www.klett-cotta.de

© 2013 by J. G. Cotta'sche Buchhandlung
Nachfolger GmbH, gegr. 1659, Stuttgart
Alle Rechte vorbehalten
Printed in Germany
Titelbild: © istockphoto.com – Lindsay Chetek/Magdalena Tworkowska
Illustrationen im Buch: Michael Wirth, 82131 Stockdorf b. München
Gesamtgestaltung: Weiß-Freiburg GmbH – Graphik & Buchgestaltung
Auf säure- und holzfreiem Werkdruckpapier gedruckt und
gebunden von Kösel, Krugzell
ISBN 978-3-608-86039-9

Bibliografische Information der Deutschen Nationalbibliothek
Die Deutsche Nationalbibliothek verzeichnet diese Publikation in
der Deutschen Nationalbibliografie; detaillierte bibliografische
Daten sind im Internet über http://dnb.d-nb.de abrufbar

Schnelleinstieg

Inhalt

Teil II
Wirkungen verstehen: Fundiert und kundig um
Zusammenhänge wissen

Burnout –
ein brandheißes Thema

Haben Sie schon einmal für eine Idee oder Sache gebrannt? Mit Begeisterung und voller Leidenschaft mein Thema mit zu gestalten ist ein beglückendes Erlebnis. Wir bringen einen hohen Arbeitseinsatz und werden mit Erfolg, Kreativität und Schaffensfreude belohnt. Was passiert, wenn sich der positive Energieaustausch in einen schleichenden Energieverlust verwandelt? Wann brennen wir nicht mehr für eine Sache, sondern brennen langsam aus bis hin zum Burnout?

Der Stressreport vom 28. Januar 2013 bestätigt eindrucksvoll die Brisanz des Themas Stress am Arbeitsplatz. 18000 Deutsche wurden telefonisch zu Stress und Arbeitsdruck befragt. Demnach leidet die Hälfte der Arbeitnehmer unter Stress am Arbeitsplatz, um die 50 Millionen Krankheitstage pro Jahr gehen auf das Konto von psychischen Leiden. Leistungsniveau und Effizienz sind seit 6 Jahren auf hohem Niveau konstant mit dem Ergebnis, dass durch die jahrelange Belastung immer mehr Menschen den Anforderungen nicht länger standhalten können. Nicht plötzlich – von heute auf morgen –, sondern langsam, eher unauffällig schleichend, aber kontinuierlich fordert die hohe Belastung ihren Tribut. Ein aufmerksamer Rundblick in unserem Kollegen- und Freundeskreis reicht aus, um zu erkennen, dass sich auch in unserem nahen Umfeld der eine oder andere überlastet fühlt. Wenn wir achtsam in uns hineinhorchen, bemerken wir, dass auch wir uns immer wieder aus unserer inneren Balance geworfen, unruhig, gehetzt und getrieben fühlen.

Unsere typisch deutschen Tugenden richten sich gegen uns
Im Vergleich mit den EU-Nachbarn liegt Deutschland beim Arbeitstempo auf Platz eins. »Made in Germany« gilt für viele Käufer auch heute noch als Gütesiegel. Mit Gründlichkeit, Zuverlässigkeit, Fleiß und Pflichtbewusstsein haben wir uns in der Vergangenheit unseren Wohlstand erarbeitet. Das hat uns nachhaltig geprägt. Auch heute versuchen wir unseren Erfolg mithilfe dieser guten Eigenschaften zu realisieren. Im Rahmen der Globalisierung haben die Unternehmen in den letzten Jahren ordentlich an Fahrt gewonnen.

Die Anforderungen am Arbeitsplatz haben sich inzwischen in allen Branchen deutlich geändert. In dem neuen Kontext sind es nun gerade diese typisch deutschen Tugenden, die uns um Kopf und Kragen bringen. Mit unserem gewohnten Anspruch an Qualität und Effizienz werden wir buchstäblich zum Hamster im Rad. Wir geben Gas, stellen unsere persönlichen Bedürfnisse zurück und arbeiten nach unseren altbewährten erfolgversprechenden Mustern. Nicht nur die Erwachsenenwelt funktioniert hierzulande nach diesem Schema. Schon die Kinder werden nach den bewährten Erfolgsrezepten gefördert und auf das Berufsleben vorbereitet: Es betrifft Jung und Alt, wir fordern nicht nur von uns, sondern von uns allen. Dabei vergessen wir, dass Gesundheit, Regeneration und Widerstandskraft für unsere Leistungsfähigkeit unabdingbar sind. Auf Dauer verlieren wir alle an Kraft, Motivation und Kreativität. Es muss sich etwas ändern! Doch was und wie?

Das Alte funktioniert nicht mehr, und das Neue ist noch nicht da
Unter den aktuellen Rahmenbedingungen der allgegenwärtigen Arbeitsverdichtung sind unsere alten Erfolgsstrategien »schneller, besser, weiter« nicht wirksam. Nerven und Gehirn werden übermäßig strapaziert und beginnen zu streiken. Es braucht neue Ansätze, wie wir die Herausforderungen der Zukunft erfolgreich bewältigen können. Es ist an der Zeit, dass ein tief greifendes Verständnis der Entwicklungen, ein neues Denken und strategisch kluges Vorgehen einen klügeren, an die neuen Bedingungen angepassten, Arbeitsstil kreieren.

Ein klarer Verstand und ein stabiles Fundament
Das Rad der Zeit lässt sich nicht zurückdrehen, und die »guten alten Zeiten«, in denen wir unseren Job in Ruhe erledigen konnten, werden wir so nicht wieder erleben. Wir gehen davon aus, dass die Zukunft in Zeiten der voranschreitenden Globalisierung nicht ruhiger werden, sondern »stürmisch« bleiben. Die Herausforderung besteht

darin, mitten im Sturm innerlich ruhig und gelassen zu bleiben, einen klaren Verstand zu bewahren und klug zu handeln. Dazu brauchen wir ein stabiles Fundament und Kraft.

Viele nähern sich langsam, ohne dass sie es recht bemerken, der Kraftlosigkeit. Meist ist es bereits »fünf vor zwölf«, wenn Mitarbeiter ihre Not bemerken. Immer wieder hören wir den Satz: »Ich dachte nie, dass mir das passieren könnte.« Es ist unübersehbar, dass viele von uns ihre Energiereserven plündern und sich schließlich im Burnout wiederfinden. Je früher wir starten, aufmerksam erste Anzeichen einer Überlastung wahr- und ernst zu nehmen, desto leichter vermeiden wir stressbedingte Erschöpfungszustände.

Hilfe zur Selbsthilfe tut not
Auf Hilfe vom Unternehmen sollten Betroffene nicht hoffen. Entscheidern im Unternehmen fällt es schwer, darüber zu befinden, inwieweit Handlungsbedarf besteht. Während die Presse Alarm schlägt und vor der kollektiven Erschöpfung warnt, rätselt man in den Unternehmensspitzen noch darüber, wie man mit dem Phänomen Burnout umgehen soll. Es besteht die Sorge, mit Maßnahmen eine Modeerscheinung zu bedienen, die Hysterie weiter zu schüren oder »schlafende Hunde« zu wecken. Burnout hat damit zu tun, dass die individuelle Leistungsfähigkeit dauerhaft überschritten wird und notwendige Regenerationszyklen nicht stattgefunden haben. Es gibt viele Ansätze, besser mit Stress und hohen Herausforderungen umzugehen. Oft wird dabei jedoch außer Acht gelassen, wie vielfältig die Herausforderungen einerseits und wie komplex unsere Bedürfnisse andererseits sind.

Nach erfolgreicher Zusammenarbeit der Autorinnen in Seminaren und Vorträgen entstand die Idee, Wissen und Techniken aus Coaching, Training und Therapie zusammenzuführen. Wir haben aus 20 Jahren Erfahrung das Beste für Sie ausgewählt. Strategien, die wirklich funktionieren, Hebel, die es in Bewegung zu setzen gilt. Wir wollen mit diesem Buch ein grundlegendes Verständnis für die Zusammenhänge von Burnout vermitteln und unterschiedlichste Möglichkeiten aufzeigen, wie Sie einerseits im Job Überlastung vermeiden und andererseits Ihren Energiehaushalt nachhaltig in Ordnung bringen können. Es lohnt sich, tagtäglich!

Ein Wort zu unseren Quickwins

Unsere »Quickwins« sind in jedem Kapitel zu finden und sollen schnell und mit geringem Aufwand sichtbare Ergebnisse ermöglichen. Wir laden Sie mit unterschiedlichsten Impulsen ein, zu experimentieren und spielerisch neue Erfahrungen zu sammeln. Ausprobieren und herausfinden, was Spaß macht, guttut, Druck abbaut und Leichtigkeit entstehen lässt.

Das Burnout-Syndrom – kein individuelles Problem

Wenn nach länger andauernden Belastungen und Stress Körper und Geist die Chance verwehrt wird, ausreichend zu regenerieren, versagen sie den Dienst. Erst laufen sie heiß, dann treten sie in den Streik. Was ist der vielfach beklagte Burnout? Und ist wirklich alles so schlimm? Zunächst einige Zahlen und Fakten.

Obwohl in Deutschland seit 1991 die Zahl der Krankschreibungen bei Rückenleiden, Herzkreislauferkrankungen etc. zurückgeht, ist ein rasanter Anstieg von psychischen Leiden wie Burnout und Depressionen zu verzeichnen. Bei den AOK-Mitgliedern ist der Anteil der Fehltage, die auf Burnout zurückgehen, zwischen den Jahren 2004 und 2011 um das Elffache angestiegen (Fehlzeitenreport 2012), was die Zahl der Krankheitstage insgesamt seit 2007 wieder steigen lässt. Prof. Joachim Bauer, Leiter der Ambulanz der Psychosomatischen Medizin und Psychotherapie des Universitätsklinikums Freiburg, hat mit einer Studie mit 949 befragten deutschen Lehrern herausgefunden, dass fast 30 Prozent an erheblichen belastungsbedingten Gesundheitsproblemen leiden.

Nicht umsonst findet sich das Thema Burnout in den Medien fast täglich wieder. Die Auswirkungen und Kosten für Gesellschaft und Firmen sind beträchtlich. Die Europäische Agentur für Sicherheit und

Gesundheitsschutz schätzt die volkswirtschaftlichen Folgekosten des Burnouts in der EU auf rund 20 Milliarden Euro jährlich. Trotzdem wird das Thema in vielen Firmen entweder negiert, als Übertreibung abgetan oder als persönliches Problem Einzelner an den Gesundheitssektor weitergegeben. Leider ist der Anstieg der stressbedingten Ausfälle ein Faktum. Es betrifft immer mehr Menschen und gibt Anlass zur Sorge. So erklärte die Weltgesundheitsorganisation WHO den beruflichen Stress zu einer der größten Gefahren des 21. Jahrhunderts. Psychische Leiden, ob Burnout, Anpassungsstörung, Depression oder Erschöpfung, scheinen sich zum am weitesten verbreiteten gesundheitlichen Leiden zu entwickeln. Sie lassen die Zahl der Frühberentungen dramatisch steigen. Im Jahr 2009 waren bereits 38 Prozent der Bundesbürger wegen psychischer Leiden arbeitsunfähig gemeldet und gingen mit erheblichen finanziellen Einbußen mit 48 Jahren in die Frühverrentung, 1993 waren es noch 15 Prozent gewesen.

Seit 1990 haben sich die Krankschreibungen wegen psychischer Belastung fast verdoppelt. Gleichzeitig werden immer mehr Psychopharmaka und Antidepressiva geschluckt, und das Alter derer, die unter Depressionen und Ängsten leiden, sinkt. Bereits jedes 10. Kind hat Ängste, und jedes 20. Kind leidet an depressiven Verstimmungen, mag man dem Kinder- und Jugendgesundheitssurvey des Robert-Koch-Institutes Glauben schenken. Betrachtet man die Gesamtheit der Entwicklung, so stellt sich die Frage, ob in unserer Zeit irgendetwas schiefläuft. Kann diese Entwicklung auf das persönliche Versagen Einzelner zurückgeführt werden? Oder sind es die gesellschaftlichen Werte und Leitlinien, die so viele Menschen, selbst Kinder, in Erschöpfungszustände treiben und unter zu viel Stress leiden lassen?

Burnout – Versuch einer Definition

Anfang der Siebzigerjahre beobachtete der amerikanische Psychoanalytiker Herbert Freudenberger bei Arbeitnehmern in helfenden Berufen Erschöpfungszustände und verfasste dazu 1975 den ersten wissenschaftlichen Artikel. Inzwischen ist der Zustand der Erschöpfung aber in allen Berufen und Lebensbereichen, in Schule, Studium oder Pflege von Angehörigen zu finden. Das lässt vermuten, dass die Ursachen vielfältig sind.

Nach dem ICD-10 wird Burnout ausschließlich beschränkt auf einen stressbedingten Zustand der Erschöpfung im Arbeitsleben.

Die damit einhergehenden Einschränkungen lassen sich in drei Bereiche untergliedern:

➜ **Emotionaler Erschöpfungszustand** mit dem Gefühl der Überforderung, des Ausgelaugtseins. Dieser Zustand geht einher mit Abgeschlagenheit, Müdigkeit, Antriebslosigkeit und Anspannungszuständen. Gleichzeitig gelingt es nicht mehr, in Freizeit und Urlaub zu entspannen. Schlafstörungen, psychosomatische Beschwerden und Infekte treten auf.

➜ **Distanzierung und Depersonalisation.** Mit der Überforderung und damit verbundenen Frustration beginnt eine Distanzierung zur Arbeit, häufig auch zu Kollegen und Familie. Die Betroffenen fühlen sich wie in Watte gepackt, sind unfähig, an positive Gefühle anzuknüpfen. Oft weicht der ehemaligen Begeisterungsfähigkeit eine Monotonie, die in Gleichgültigkeit mündet.

➜ **Verringerte Arbeitsleistung mit Konzentrationsstörungen und mangelnde Merkfähigkeit.** Dabei gelingt es nicht mehr, zwischen wichtigen und unwichtigen Erledigungen zu unterscheiden. Der Überblick geht verloren.

Burnout gilt, vor allem wenn eine genetische Veranlagung vorliegt, als Auslöser und Risikofaktor für die Entwicklung einer Depression, die wiederum mit Suizidgedanken und Suizid einhergehen kann. Auch Angsterkrankungen, Tinnitus, Suchtmittelabhängigkeit, unkontrollierbare Weinkrämpfe, Lähmungserscheinungen, Sprachstörungen und Bluthochdruck gelten als Folgeerkrankungen der stressbedingten Erschöpfung.

Wenn Körper und Geist in den Streik treten, tun sie das von Mensch zu Mensch sehr unterschiedlich. Das macht eine genaue Beschreibung wie auch Eingrenzung schwierig. Insgesamt werden 160 Symptome im Zusammenhang mit Burnout beschrieben[1].

Obwohl es Bestrebungen gibt, Burnout zu klassifizieren und ein genaues Diagnoseschema zu entwickeln, gibt es keine allgemeingültigen Kriterien für das Krankheitsbild. Im ICD-10, dem international geltenden Klassifikationssystem psychischer Krankheiten der Weltgesundheitsorganisation, hat es keinen Eingang als eigenständiges Krankheitsbild gefunden. Es wird lediglich als Subkategorie mit »Zustand der totalen Erschöpfung« und »Schwierigkeiten mit der Lebensbewältigung« aufgeführt. Bei Erschöpfungssymptomen ist grundsätzlich eine ärztliche Untersuchung anzuraten, um unerkannte Erkrankungen auszuschließen. Nicht jede Erschöpfung ist ein Burnout!

Burnout – ein deutsches Phänomen?

Obwohl das Thema in den deutschen Medien täglich diskutiert wird, scheinen die Deutschen nicht damit zu rechnen, dass die Erschöpfung auch sie persönlich treffen könnte. Sie erhöhen das Tempo und fordern sich noch mehr, um die in sie gesetzten Erwartungen pflichtbewusst zu erfüllen. Sie sind bereit, noch mehr an Freizeit, kleinen Smalltalks mit den Kollegen und Pausen einzusparen. Selbst in den USA, wo das Phänomen des Burnouts erstmals beobachtet wurde, setzen die Arbeitnehmer nicht so sehr auf Tempo. Familie, Kinder und Freunde genießen höhere Priorität und stehen vor beruflichen Verpflichtungen. Das zeigt sich auch bei unseren europäischen Nachbarn, die deutlich mehr Wert auf ihre Freizeit und geselliges Miteinander legen als ihre deutschen Arbeitskollegen. Diese Grundhaltung ist auch Teil des Arbeitslebens. Viele deutsche Geschäftsleute stoßen in internationalen Meetings an Grenzen. Wenn sie glauben, ihre eng gesteckten Zeitpläne einhalten zu können, werden sie schnell eines Besseren belehrt. So machte ein Ingenieur auf seinen Geschäftsreisen immer die gleiche Erfahrung: Er konnte nur einen Bruchteil seiner Zielpunkte abarbeiten. Am Flughafen abgeholt, ging es regelmäßig erst einmal zum Essen, dann in die Firma zu Kaffee und Kuchen, dann zum Meeting, aber eben nicht in dem gewohnten Tempo.

Bei unseren europäischen Nachbarn findet Burnout-Prävention vornehmlich in den Firmen und am Arbeitsplatz statt. Anscheinend mit gutem Erfolg, Burnout hat bei Weitem nicht die Brisanz wie in Deutschland. Hier scheint man immer noch auf das Gesundheitssystem zu setzen, das die Erschöpften dann reparieren soll, wenn sie sich zu sehr übernommen haben.

Synergieeffekte, Rationalisierung und Dokumentation sind in Firmen Alltagsvokabular geworden. Sie bestimmen den Arbeitsalltag, alles dreht sich um Ökonomisierung und Wachstum. Die Mitarbeiter, inzwischen egal welcher Berufsgruppe, wirken gehetzt. Das hat seinen Grund, mehr als die Hälfte gab bei der Befragung des Stressreports 2013 an, dass sie Pausen aufgrund von Termin- und Zeitdruck ausfallen lassen, zwei Drittel arbeiten am Samstag, und 38 Prozent arbeiten auch sonn- und feiertags, um die Arbeitsfülle bewältigen zu können.

Langsamkeit, Gelassenheit, Kreativität sind selten zu finden in der deutschen Arbeitswelt. Mancherorts wird der Versuch unternommen, die Leistung der Mitarbeiter im Minutentakt statistisch zu erfassen, zu kontrollieren, zu bewerten und die Effektivität weiter hochzuschrauben. Nach den Auswertungen des Statistischen Bundesamtes waren Erwerbstätige 2010 pro Stunde 33,1 Prozent produktiver als noch 1991. Die Mitarbeiter tun ihr Bestes, um den Anforderungen zu genügen, enden aber zunehmend im Burnout. Die Art der Stressreaktion hängt von genetischen Faktoren, individuellen Ressourcen, psychischer Widerstandskraft (Resilienz) und subjektiver Bewertung ab. Doch jeder und jede kann Maßnahmen erlernen, wie Druck und überzogenen Erwartungen Grenzen gesetzt werden. Sehen wir uns zunächst an einem einfachen Beispiel an, wie es trotz Freude am Beruf und Erfolg zur beruflich bedingten Erschöpfung kommen kann.

TEIL I

Ursachen erkennen:
Kritisch und kompromisslos den
Tatsachen auf die Spur kommen

Das Ende der Gemütlichkeit, Teil 1

Lisa arbeitet in einem traditionsreichen Münchner Biergarten mit großen Kastanien. Mit zwei Kolleginnen teilt sie sich die Arbeit. Von den insgesamt 30 Tischen bedient jede von ihnen 10 Tische. Lisa liebt ihren Beruf. Sie ist flott und beliebt, macht Witzchen mit den Gästen, lässt sich durch nichts aus der Ruhe bringen und steckt mit ihrer fröhlichen Art die Gäste und ihre Arbeitskolleginnen an. Bei ihrem Chef genießt sie hohes Ansehen, sie ist eindeutig die Beste im Team, was sich auch jeden Abend mit einem üppigen Trinkgeld in ihrem Geldbeutel bemerkbar macht.

Lisa liebt ihre Arbeit

Eines Morgens meldet sich ihre Kollegin krank. Sie hat sich den Fuß verstaucht. Der Chef bespricht sich mit Lisa und ihrer Kollegin, und man beschließt, die Tische übergangsweise aufzuteilen, sodass jede einstweilen 15 Tische zu bedienen hat. Was passiert?

Die Herausforderung ist nun, alles etwas schneller zu erledigen. Für die kleine Pause zwischendurch wie auch für die Gäste bleibt deutlich weniger Zeit. Darunter leidet der Spaßfaktor, und abends fällt Lisa nur noch erschöpft auf ihre Wohnzimmercouch. Einen Vorteil hat die Sache. Sie bekommt zwar nicht mehr Geld vom Chef, aber sie hat etwas mehr Trinkgeld, was ihr sehr gelegen kommt. Wider Erwarten kommt die Kollegin nicht nach zwei Wochen zurück. Ihr verstauchter Fuß hat sich in der Zwischenzeit als komplizierter Knöchelbruch erwiesen. Vermutlich wird die Kollegin für mindestens weitere sechs Wochen ausfallen. Das Team samt Chef beschließt, in der Zweier-Besetzung weiterzuarbeiten. Der Zeitraum ist überschaubar, und das Finden und Einarbeiten einer Kollegin erscheint kompliziert und zeitaufwendig. Während Lisa die Situation gut bewältigen kann, kommt ihre Kollegin, nicht ganz so schnell und gewandt wie Lisa, ins Straucheln. Das Kopfrechnen, das ihr sowieso nicht liegt, wird ihr unter dem Druck zur Qual. Ihre Unzufriedenheit wie auch Überforderung wachsen sichtbar, und so verwundert es kaum, dass sie eines Tages nicht mehr erscheint und ihre Kündigung beim Chef auf dem Tisch liegt. Im Gespräch mit Lisa bittet der Chef um ihre Unterstützung in dieser misslichen Lage. Er traut ihr als bester Mitarbeiterin übergangsweise noch weitere 15 Tische zu. Gleichzeitig sieht er natürlich, dass diese Lösung kein Dauerzustand sein kann, und beteuert, sich sofort um eine Aushilfe zu kümmern. Lisa geht mit gespaltenen Gefühlen aus dem Gespräch. Einerseits freut sie sich über die lobenden Worte und das Vertrauen ihres Chefs, andererseits schwant ihr Übles. Sie weiß, dass damit auch viel Druck auf sie zukommt. Sie sieht die Not ihres Chefs, und da sie auch keine bessere Lösung weiß, erklärt sie sich dazu bereit. Sie hofft auf baldige Unterstützung durch eine Aushilfe und geht mit Entschlossenheit an die Arbeit. Nun passieren zwei Dinge: Lisa ist zwar eine sehr leidenschaftliche und erfahrene Bedienung, aber zaubern kann sie leider auch nicht.

Lisa ist überfordert

Es kommt zu längeren Wartezeiten für die Gäste. Da diese, durstig und hungrig, schnell an ihre körperlichen und nervlichen Grenzen kommen, macht sich Unmut unter ihnen breit. Unter diesem Druck passieren Lisa Fehler, die sie bis dahin noch nie gemacht hat. Sie bringt einen lauwarmen Cappuccino statt dem bestellten Espresso, verwechselt ihre Gäste und kommt mit dem Wegräumen des gebrauchten Geschirrs nicht mehr hinterher. Am schlimmsten für Lisa sind der verloren gegangene gute Kontakt zum Kunden und der fröhliche Austausch. Lisa ist jetzt eindeutig überfordert. Sie merkt das auch, beißt die Zähne zusammen, erhöht das Tempo und hofft sehnsüchtig auf die versprochene Aushilfe. Abends findet Lisa schwer zur Ruhe. Körperlich ist sie zwar vollkommen erschöpft, doch ihre Gedanken kreisen unaufhörlich um die Arbeit. Auch äußerlich gleicht sie inzwischen mehr einem gerupften Huhn als einer feschen Biergartenbedienung.

In der Zwischenzeit hat der innovative Chef die ultimativ gute Lösung gefunden. Nach zermürbenden Versuchen, eine geeignete Aushilfe zu finden, traf ihn die Erkenntnis wie ein Geistesblitz: Ein neues, modernes, computergestütztes Bestellsystem muss her. Damit löst er das Problem nachhaltig und ist gleichzeitig für die Zukunft gut aufgestellt. Es hat sich gezeigt, dass die Arbeit von zwei Mitarbeiterinnen mit Anstrengung zu stemmen war. In absehbarer Zeit wird die erkrankte Kollegin zurück sein, und mithilfe der Arbeitserleichterungen durch das neue Bestellsystem können die beiden den Service im Biergarten gut zu zweit bewältigen. Sehr klug gedacht. Was wäre unsere Wirtschaft ohne die Weitsichtigkeit und Innovationskraft unserer Unternehmer. Dumm ist jetzt nur, dass unsere gute Lisa mit

Die Gedanken kreisen unaufhörlich um die Arbeit

der modernen Technik etwas ungeschickt ist. Nur widerwillig lässt sie sich davon überzeugen, dass dies jetzt die versprochene schnelle und gute Lösung sei. Nachdem der Chef schon davon gehört hatte, dass Mitarbeiter grundsätzlich Angst vor Veränderungen und besonders vor technischen Neuerungen haben, nimmt er ihre Einwände gelassen entgegen und beharrt auf der Umsetzung seiner weitsichtigen Lösung. Bereits nach wenigen Wochen ist eine entsprechende Soft- und Hardware ausgesucht, installiert und in Betrieb genommen. Die kranke Kollegin ist inzwischen in der Reha und wird in spätestens drei Wochen wieder im Einsatz sein. Der Chef lehnt sich in dem guten Wissen, alles und nur das Beste getan zu haben, entspannt zurück. Er wendet seine Aufmerksamkeit nun den einstweilen liegen gebliebenen Aufgabenstapeln zu. Aus seiner Sicht müsste Lisa jetzt wieder zufrieden sein. Falsch gedacht. Stattdessen jammert sie ihm weiterhin die Ohren voll, es wäre jetzt wirklich zu viel. Das Bestellsystem würde nicht richtig funktionieren und alles nur noch komplizierter machen. Er beobachtet, wie sie unmotiviert mit dem Eingabegerät kämpft, und erwischt sie immer wieder dabei, wie sie ihren kleinen Notizblock zückt, statt die Bestellungen direkt in das neue System einzugeben. Dafür hat er kein Verständnis mehr. Bei genauerer Betrachtung stellt er fest, dass Lisa schon länger nicht mehr so adrett, freundlich und souverän ist, wie sie früher einmal war. Gut gebildet und geschult vermutet er, dass sie möglicherweise in ihrem Privatleben Probleme hat und diese mit in die Arbeit nimmt. Er hat da schon einmal etwas von einer kranken depressiven Veranlagung mütterlicherseits gehört. Er findet aber, dass dies ein heikles Thema sei, möchte sie zunächst lieber nicht ansprechen, und beobachtet sie erst mal weiter.

Lisa ist nun auf dem besten Weg, in den Augen des Chefs zu einer schlechten Mitarbeiterin, einer sogenannten Low-Performerin zu werden.

Das Ereignis lässt sich grob in drei typische Phasen unterteilen:

➜ Es entsteht ein betrieblicher Ausnahmezustand.
➜ Der Ausnahmezustand wird zum Dauerzustand.

➜ Der Dauerzustand bringt den Mitarbeiter in den Ausnahmezustand.

Fazit: Das ursprüngliche betriebliche Problem ist nun in den Hintergrund getreten und zum persönlichen Problem des Mitarbeiters geworden.

Was meinen Sie?
➜ Wie werden sich Lisas Motivation, ihre Gesundheit und ihr Ansehen beim Chef weiterentwickeln?
➜ Für wen lohnt sich Lisas Einsatz?
➜ Hat sie eine Alternative?
➜ An welcher Stelle hätte sie anders reagieren können oder sollen?
➜ Was ist typisch an Lisas Situation und zeigt uns, worüber wir in der Regel stolpern?

Wir werden dieses plakative, überschaubare Beispiel analysieren und mit seiner Hilfe die typischen kritischen Stolperfallen und Knackpunkte herausarbeiten und Handlungsalternativen aufzeigen.

Was stresst mich, weil ich so bin, wie ich bin?

Meine Arbeit ist mir wichtig

Wenn wir über unsere Arbeit sprechen, sprechen wir von etwas sehr Bedeutsamem. Mit Arbeit erwirtschaften wir unseren Lebensunterhalt. Sie ermöglicht uns, auf eigenen Füßen zu stehen und ein selbstbestimmtes Leben zu führen. Sie gibt unserem Leben Inhalt und Struktur, gestaltet unseren Tagesablauf. Ohne Arbeit befänden wir uns in einem Zustand der Dauerpause, würden uns schrecklich langweilen und unsere Lebensgeister in Tiefschlaf versetzen.

Es ist in uns angelegt, dass wir wachsen und uns entfalten wollen. Wir wollen die Welt entdecken, uns im Tun erfahren, nützlich sein, uns austauschen und ab und zu auch bedeutsam sein. Was in der Kinderzeit der Spielplatz und die Spielkameraden sind, sind im Erwachsenenalter im positiven Fall der Arbeitsplatz und die Arbeitskollegen. Hier können wir unseren Selbstwert steigern, uns gebraucht fühlen, Gemeinschaft erleben, Erfolge feiern, klüger und erfahrener werden und Experten für dies und jenes werden. Wenn es gut läuft, gibt uns Arbeit Sinnerfahrung, macht Spaß und leistet einen wesentlichen Beitrag zu unserer Lebenszufriedenheit und Gesundheit. Hierfür ist aber, wie in vielen anderen Dingen auch, das rechte Maß ausschlaggebend. Bietet uns ein Arbeitsplatz zu wenig Anreize und unterfordert uns, entsteht nicht nur gähnende Langeweile, sondern kann sich auch der Krankheitszustand des »Boreout« entwickeln. Sind wir dauerhaft überlastet, überfordert oder von ausgebrannten Kollegen umzingelt, drohen uns Erschöpfungszustände und das Krankheitsbild des Burnout.

Weil Arbeit so bedeutsam für uns ist, strapazieren Probleme am Arbeitsplatz unser Nervenkostüm enorm. Jede Form der Arbeitsplatzunsicherheit, ausgelöst durch Zeitarbeitsvertrag, Stellenabbau, Umorganisation, Firmenzukauf, technische Entwicklungen oder veränderte Marktbedingungen, versetzt uns in Angst und Schrecken. Wir sind dann bereit, enorm viel für die Sicherung unseres Arbeitsplatzes zu tun. Die aktuellen Veränderungen in der Arbeitswelt fordern uns täglich heraus. Doch bevor wir diese genauer unter die Lupe nehmen, betrachten wir zunächst, was es mit uns selbst zu tun hat, wenn wir über unsere Belastungsgrenzen gehen.

Welche Persönlichkeit im Team bin ich?

Burnout-Erkrankung ist die Folge einer dauerhaften Überlastung. Die Frage ist, warum Arbeitnehmer bereit sind, ständig über ihre persönlichen Grenzen für ihren Job, ihre Firma, ihre Kollegen und ihren Chef zu gehen – und dabei ihre Gesundheit gefährden.

Zur Beantwortung dieser Frage stellen wir ein typisches Team vor. Dabei können Sie überprüfen, welcher Typ am ehesten zu Ihnen passt.

▶▶ **Frau Hinze** *arbeitet seit vielen Jahren im Unternehmen. Sie ist eine Mitarbeiterin der ersten Stunde. Gerne schwärmt sie von den guten alten Zeiten, als sich noch alle Kollegen kannten. Jeder fühlte sich für das große Ganze verantwortlich und füllte bei Bedarf ohne zu murren sogar das Toilettenpapier nach. Niemand war sich für eine Tätigkeit zu schade. Man erlebte gemeinsam viele Erfolge, es wurde viel gelacht und gefeiert, Überstunden waren selbstverständlich, und die Firma wuchs beständig. Absprachen wurden auf dem kleinen Dienstweg unkompliziert und schnell getroffen. Sie erlebte sich als Teil des Firmenwachstums und des wirtschaftlichen Erfolges. Heute beobachtet sie ein Kommen und Gehen auf der oberen Führungsetage und hat den Eindruck, dass die Manager nur noch an kurzfristige Erfolge denken. Wenn die langfristigen Folgen ihrer Entscheidungen sichtbar werden, sind diese schon über alle Berge, meint sie. Die Belegschaft müsse dann die Folgen von deren schlechtem Management ausbaden. Trotzdem kommt für sie eine Trennung von der Firma nicht infrage. Sie fühlt sich mit der Firma verheiratet, ist ihr wie einem Partner treu verbunden und möchte bis zu ihrer Berentung dort arbeiten. Schon aus eigenem Interesse versucht sie deshalb, ihren Beitrag zum Erfolg der Firma nachhaltig zu leisten.*

Durch die Globalisierung des Unternehmens rückt das Topmanagement zunehmend weiter weg von ihrem Standort, was dazu führt, dass Entscheidungen nicht mehr vor Ort, sondern auf einem anderen Kontinent getroffen werden. Für das globale Topmanagement stehen natürlich andere Werte und Notwendigkeiten im Vordergrund als für Frau Kunze, die die Erhaltung »ihrer« Firma und »ihres« Standorts in den Vordergrund stellt. Sie wird auf alle Fälle alles tun, was in ihrer Macht steht, um das zu gewährleisten, und geht dabei konsequent wie märtyrerhaft, manchmal auch besserwisserisch, über ihre Grenzen.

▶▶ **Herr Hartung** *macht seine Arbeit mit Leidenschaft. Er hat in seinem Beruf seine Berufung gefunden. Sein Projekt ist sein Baby, das er mühevoll großgezogen hat und nun, ähnlich wie eine Löwenmutter, verteidigt. Da er seinen Beruf so liebt und ab und an vergessen hat, was Frauen lieben,* fährt er seine Erfolge leichter im Beruflichen ein. Während er sich im Job begehrt und gefragt, ausgesprochen kompetent und nützlich erweist, setzt sein Privatleben weniger Glückshormone frei. Über die Jahre ist hier eine Leere entstanden, die wenig Gutes verheißt, wodurch er sich noch mehr auf sein berufliches Wirken konzentriert.

▶▶ **Frau Paulus** ist jung, ehrgeizig und hat einen hohen Anspruch an sich selbst. Gut ausgebildet, möchte sie ihr Können der Welt beweisen. Sie gilt als engagiert, stellt sich gerne neuen Herausforderungen und stürzt sich mit hohem Einsatz, ohne auf die Uhr zu schauen, auf die ihr angetragenen Aufgaben. Wenn es richtig schwierig wird, läuft sie zur Hochform auf und versucht, Unmögliches möglich zu machen. Hierbei hat sie oft Erfolg. Gelingt es ihr nicht, eine Aufgabe zu lösen, quälen sie Selbstzweifel. Sie hat schnell die Sorge, dass es an ihr liegt und ein anderer es hinbekommen würde. Sie ist nicht bereit, sich einen Misserfolg einzugestehen, und verbeißt sich mit der Haltung »das muss doch zu schaffen sein« noch tiefer in das Problem.

▶▶ **Herr Schneider** hat beruflich Großes vor, er will Karriere machen. Er ist noch jung, und sein Fokus liegt darauf, dass er sich entwickeln kann. Er sucht Chancen, will Perspektiven und möchte unbedingt oben gesehen werden. Wird ihm eine verantwortungsvolle Aufgabe übertragen, fühlt er sich geehrt und will beweisen, dass ihm diese Aufgabe mit Recht zugetraut wurde. Er bringt einen enormen Zeit- und Krafteinsatz und sieht sein Engagement als Investition in die Zukunft. Er hofft, dass seine Spitzenleistung bemerkt und sein Potenzial gefördert wird.

▶▶ **Frau Huber** hat ihren eigenen Kopf. Sie führt nicht nur zu Hause das Regiment und übernimmt Verantwortung für Mann und Kinder, sondern, ganz wie es ihrem Naturell entspricht, auch für die Entscheidungen im Unternehmen. Unabhängig von den Vorgaben des Topmanagements handelt sie so, wie sie es für die Firma richtig findet. Sie hält nicht viel von den Führungskräften, beobachtet Missmanagement und ärgert sich darüber, dass der Druck am Ende immer beim kleinen Mitarbeiter hängen *bleibt. Obwohl sie viel schimpft, fühlt sie sich für das Ergebnis verantwortlich und gibt alles, um Schaden vom Kunden und von der Firma abzuwenden. Sie geht häufig abends mit der Gewissheit nach Hause, dass sie wieder einmal die Firma vor dem Ruin gerettet hat.*

▶▶ **Herr Poppowitz** *ist ein kluger Kopf und hat das Herz am rechten Fleck. Er glaubt an das Gute im Menschen, sieht, dass jeder sein Bestes gibt, und ist ein zuverlässiger Teamplayer. Er hat erkannt, dass manche Probleme im Unternehmen einfach nicht zu lösen sind. Gleichzeitig sieht er die Not seiner Kollegen oder Kunden und weiß, dass die Arbeit gemacht werden muss. So stellt er seine Bedürfnisse hinten an, kommt später nach Hause zu Frau und Kindern und hilft zuverlässig und ausdauernd bei der Erledigung der Aufgaben. Obwohl ihn seine Frau zu Hause schimpft, weil er mal wieder zu spät kommt, passiert es ihm immer wieder, weil er es nicht verantworten kann, alles stehen und liegen zu lassen und einfach zu gehen. »Nach mir die Sintflut« ist nicht sein Motto.*

⚡ **Selbstreflexion:** Stellen Sie sich vor, Sie sind Mitglied in diesem Team. Skizzieren Sie nun kurz Ihr Profil und Ihre Eigenarten und Besonderheiten.

Warum gehe ich über meine Belastungsgrenze?

Entgegen der allgemeinen Grundannahme im Topmanagement, Mitarbeiter müssten von der Führungskraft erst mühsam motiviert werden, damit sie volles Engagement und Spitzenleistung bringen, zeigen die meisten Mitarbeiter eher ein ungesundes Überengagement. Jeder hat ganz unterschiedliche Gründe, die ihn antreiben. Diese durchaus ehrenwerten Motive »verführen« uns sozusagen, über unsere Grenzen zu gehen. Sie verführen uns dazu, etwas zu tun, was uns nicht guttut. Wir handeln dann wider besseres Wissen und nehmen mit unserer guten Absicht Schaden. Hier eine Übersicht sieben typischer »Verführer«. Die Aufstellung ist nicht vollständig, es gibt sicherlich viele weitere.

Verführer Nr. 1: Hohe Identifikation mit der Firma

Viele Mitarbeiter arbeiten nicht in einer Firma, sondern in *ihrer* Firma. Sie können sich voll und ganz mit dem Produkt oder der Dienstleistung ihrer Firma identifizieren und sind stolz darauf, Teil dieser Firma zu sein. Sie sind treue, loyale Mitarbeiter, die über eine lange Firmenzugehörigkeit die Entwicklung des Unternehmens mitgeprägt haben. Sie erleben den Erfolg und das Wachstum ihrer Firma als Folge ihres Einsatzes und als ihren persönlichen Erfolg, auf den sie stolz sind.

Erschöpfung droht, wenn sich die Firma verändert, z. B. einen Teilbereich outsourct, fusioniert oder dieser aufgekauft wird oder einen Werte- und Kulturwandel vollzieht. Der Mitarbeiter beäugt solche Entwicklungen kritisch, spricht von den guten alten Zeiten, wo alles noch einfacher und effektiver war. Er empfindet den Wandel als persönliche Geringschätzung seiner langjährigen Treue und Erfahrung. Er leidet dann darunter, dass es nicht mehr »seine« Firma ist.

»Verführerische« Worte des Chefs:

»Wir müssen jetzt alle zusammenhalten ...«

»Wir haben es immer geschafft, wir werden es auch dieses Mal schaffen.«

»Wir brauchen jetzt jeden einzelnen Mann.«

»Ich brauche jetzt deine Erfahrung.«

Mit diesen »verführerischen« Worten läuft der Mitarbeiter mit einer hohen Identifikation mit der Firma zur Hochform auf und geht dann häufig über seine Belastungsgrenzen.

Verführer Nr. 2: Berufliche Leidenschaft

Manche Mitarbeiter haben das Glück, dass sie sich in ihrer Arbeit voll verwirklichen können. Sie haben in ihrem Beruf ihre Berufung gefunden. Sie lieben, was sie tun, und trennen nicht zwischen Arbeitszeit und Freizeit. Mit vollem Herzblut engagieren sie sich in ihrer Aufgabe und ziehen daraus persönlichen Sinn und Erfüllung. Sie sind in der Regel richtig gut in dem, was sie tun, können ihre Talente voll ausleben und ihr Potenzial entwickeln. Sie sind erfolgreich, ernten viel Bestätigung und haben eine hohe Sichtbarkeit. Sie werden in Entscheidungen einbezogen, um Hilfe und Rat gebeten und bekommen viel Verantwortung übertragen. Sie können enorm viel Selbstbestätigung aus ihrem Beruf ziehen. Das steigert ihr Selbstbewusstsein und ihr Selbstwertgefühl.

Erschöpfung droht, wenn die spannenden Aufgaben immer mehr werden und niemand die Arbeitsmenge auf ein leistbares Maß beschränkt. Schwierig wird es auch, wenn die Unternehmensentwicklung nicht nach den Vorstellungen des Mitarbeiters läuft. Wird sein geliebtes Projekt gestoppt oder werden seine Produkte oder Dienstleistungen von der Firma nicht mehr gebraucht, will er das Rad der Zeit anhalten. Er kämpft um seine Projekte, Produkte und Dienstleistungen. Setzt er sich nicht durch, empfindet er es als persönliche Kränkung und Geringschätzung seiner Arbeit. Er ist nicht bereit, seine Arbeit lediglich am Bedarf der Firma auszurichten, sondern möchte sich selbst verwirklichen.

»Verführerische« Worte des Chefs:

»Du bist mein bester Mann.«

»Wenn das einer schafft, dann du ...«

»Mach mal halblang – ich brauche dich noch länger.«

»Was sollten wir machen?«

»Meinst du, du kriegst das hin?«

»Ich hab ein ganz spannendes Projekt für dich ...«

Mit diesen »verführerischen« Worten läuft der Mitarbeiter mit beruflicher Leidenschaft zur Hochform auf und geht dann oft über seine Belastungsgrenzen.

Verführer Nr. 3: Lust auf Karriere

Gerade junge Mitarbeiter, die frisch von der Uni in ihre erste Anstellung kommen, haben eine hohe Motivation, beruflich voranzukommen. Sie wissen nicht wirklich, was es braucht, um Karriere zu machen. Ihre Idee ist, mit extrem hohem Engagement, Flexibilität und Leistungsfähigkeit aufzufallen und zu zeigen, dass sie Potenzial für höherwertige Aufgaben haben. Sie versuchen, den Erwartungen ihres Chefs zu genügen bzw. diese zu übertrumpfen. Werden ihnen schwierige Aufgaben übertragen, so sehen sie es als Chance, sich zu beweisen. Sie stellen ihr Privatleben hinten an, beißen die Zähne zusammen, verzichten auf Privatvergnügungen und geben ihr Bestes in der Hoffnung, dass sich ihr Einsatz mittelfristig lohnt.

Erschöpfung droht, wenn die Firma dem Mitarbeiter zwar stets mehr Aufgaben und Verantwortung überträgt, jedoch die Beförderung mit neuem Titel und mehr Gehalt auf sich warten lässt. Der Mitarbeiter kommt auf Dauer an seine körperlichen und nervlichen Grenzen. Er kämpft zunehmend verbissen um die wohlverdiente »Ernte« seines Einsatzes und ist am Ende frustriert. Er zieht daraus die Erkenntnis, dass sich in dieser Firma Leistung nicht lohnt, und geht in die innere Kündigung.

»Verführerische« Worte des Chefs:

»Ich erwarte, dass ein Mitarbeiter erst einmal in Vorleistung geht, bevor ich ihn befördere.«

»In diesem Unternehmen zahlt sich Leistung aus.«

»Wenn du beruflich vorwärtskommen möchtest, zeige mir, was in dir steckt.«

»Nur die Besten kommen bei uns voran.«

Mit diesen »verführerischen« Worten läuft der Mitarbeiter mit Lust auf Karriere zur Hochform auf und geht dann oft über seine Belastungsgrenzen.

Verführer Nr. 4: Hohes Verantwortungsbewusstsein
Viele Menschen haben ein hohes Verantwortungsbewusstsein und können sich nicht abgrenzen. Sie übernehmen auch Verantwortung an Stellen, an denen sie nicht zuständig sind. Das bringt sie in schwierige Situationen, denn immer dort, wo der eigentliche Verantwortliche loslässt und seiner Aufgabe nicht gerecht wird, müssen sie die Konsequenzen auffangen. Sie erkennen den Schaden, der entstehen

würde, und retten die Situation, indem sie einspringen. Das Problem daran ist, dass sie zwar die Aufgabe übernehmen können, aber nachdem sie nicht über die Entscheidungskompetenz verfügen, können sie Missstände nicht abstellen. Das kann unbefriedigend und ermüdend sein. Der Mitarbeiter baut zunehmend Ärger und Frust auf.

Erschöpfung droht, wenn der Mitarbeiter zunehmend Kraft verliert. Er leidet unter seinem Verantwortungsgefühl, weil er merkt, dass er daran Schaden nimmt. Dennoch kann er nicht davon ablassen, die Missstände um ihn herum abzufedern. Er ist wie der Hamster im Rad und fühlt sich voll den Geschicken des Unternehmens ausgeliefert. Irgendwann wird er krank und macht anschließend Dienst nach Vorschrift, um sich zu schützen.

»Verführerische« Worte des Chefs:

»Es geht jetzt leider nicht anders, da müssen wir alle durch.«

»Wir arbeiten bereits an einer Verbesserung.«

»Ich bin so froh, dass ich mich wenigstens auf dich verlassen kann.«

»Danke für deinen Einsatz.«

Mit diesen »verführerischen« Worten läuft der Mitarbeiter mit hohem Verantwortungsgefühl zur Hochform auf und geht dann oft über seine Belastungsgrenzen.

Verführer Nr. 5: Kollegialität und Hilfsbereitschaft

Für viele Mitarbeiter ist Kollegialität ein sehr hoher Wert. Sie mögen ihre Kollegen, pflegen nahezu freundschaftliche Beziehungen zu ihnen und fühlen sich als Solidargemeinschaft. Es ist für sie Ehrensache, dass sie einen Kollegen nicht im Stich lassen. Einer für alle, alle für einen ist ihr Motto. Sie wissen, welche Mehrarbeit ihre Kollegen bewältigen müssen, und kennen den Druck, den das mit sich bringt, wenn sie in Urlaub gehen oder krank sind. Sie möchten ihre Kollegen nicht dieser schwierigen und belastenden Situation aussetzen. Sie halten zusammen und schleppen sich krank in die Firma.

Erschöpfung droht, wenn Stellen schleichend abgebaut werden und die personelle Ausstattung zu gering wird. Immer weniger Mitarbeiter stehen dann vor der Situation, immer mehr Aufgaben unter immer chaotischeren Umständen bewältigen zu müssen. Sie stellen ihre eigenen Bedürfnisse hinter den Bedürfnissen des Teams an.

»Verführerische« Worte des Chefs:

»Ihr seid ein unschlagbares Team.«

»Wir müssen jetzt zusammenhalten.«

»Du kannst deine Kollegen jetzt nicht im Stich lassen. Die brauchen dich.«

»Wir brauchen dich jetzt.«

»Jeder Einzelne, der fehlt, tut weh.«

»Wir können uns jetzt keinen Ausfall mehr leisten.«

Mit diesen »verführerischen« Worten läuft der Mitarbeiter mit den Werten Kollegialität und Hilfsbereitschaft zur Hochform auf und geht dann oft über seine Belastungsgrenzen.

Verführer Nr. 6: Selbstzweifel und Versagensängste
Viele Mitarbeiter haben ein geringes Selbstbewusstsein. Gelingt eine Aufgabe nicht, so suchen sie den Fehler zunächst bei sich selbst. Sie klagen dann zwar vordergründig über die Missstände an ihrem Arbeitsplatz, tief drinnen quälen sie jedoch Selbstzweifel. Die älteren Mitarbeiter fragen sich im Stillen, inwieweit sie aufgrund ihres Alters nicht mehr so leicht Neues aufnehmen, nicht mehr so schnell lernen können, Informationen vergessen und mit den neuen Technologien nicht so gut zurechtkommen. Jüngere Mitarbeiter fragen sich im Stillen, inwieweit sie schon in der Lage sind, mit den erfahrenen Kollegen mitzuhalten.

Niemand gibt gerne zu, dass er für seine Aufgabe nicht geeignet ist. Dass er das notwendige Wissen, die notwendigen Kenntnisse, Erfahrungen, Hintergründe nicht hat oder Technologien nicht beherrscht oder einfach nicht weiß, wie genau der Prozess abläuft. Jeder versucht diese Unzulänglichkeiten vor den anderen zu verbergen. Dadurch wird nicht erkannt, dass es eigentlich allen ähnlich geht, dass alle im gleichen Boot sitzen und dass die äußeren Umstände einen Erfolg nicht ermöglichen.

Erschöpfung droht, wenn neue Ablaufprozesse unklar sind bzw. nicht funktionieren, neues Wissen erforderlich ist, ohne dass ein Kompetenzaufbau stattgefunden hat, Verantwortlichkeiten hin und her geschoben werden. Der einzelne Mitarbeiter erlebt die Auswirkungen der schwierigen äußeren Rahmenbedingungen als persönliches Versagen und zweifelt an seiner Kompetenz.

»Verführerische« Worte des Chefs:

»Das wird heutzutage einfach verlangt.«

»Die anderen schaffen es doch auch.«

»Das kriegst du schon hin.«

»So schwer sollte das eigentlich nicht sein.«

»Das müsstest du jetzt eigentlich inzwischen wissen.«

Mit diesen »verführerischen« Worten gerät der Mitarbeiter mit Selbstzweifeln und Versagensängsten unter Druck, gibt alles und geht dann oft über seine Belastungsgrenzen.

Verführer Nr. 7: Gefühlte Abhängigkeit und Verlustängste

Viele Mitarbeiter haben ihr Leben auf der Vorstellung aufgebaut, dass sie ihren Job auch in Zukunft, so wie er ist, erhalten können. Sie sind nicht daran interessiert, den Arbeitgeber zu wechseln. Das hat die verschiedensten Gründe. Einmal gibt es Persönlichkeitsstrukturen, denen Sicherheit und Beständigkeit grundsätzlich wichtig sind. Sie wollen in einer Firma das Gefühl haben, angekommen zu sein, und planen oft schon in jungen Jahren, bei diesem Arbeitgeber in Rente zu gehen. Andere sind finanzielle Verpflichtungen eingegangen oder tragen Verantwortung für eine Familie. Ihre monatlichen Ausgaben sind häufig so ausgelotet, dass sie mit dem regelmäßigen Einkommen gerade gedeckt werden können. Der finanzielle Spielraum lässt ausschließlich Entwicklungen nach oben zu. Viele haben kein Vertrauen in ihre Möglichkeiten und Alternativen. Sie rechnen sich aufgrund ihres Alters oder ihrer Kompetenz keine Chancen am freien Arbeitsmarkt aus.

Erschöpfung droht, wenn der Arbeitsplatz bedroht ist.

»Verführerische« Worte des Chefs:

»Wer weiß, wie lange wir unsere Arbeitsplätze noch haben.«

»Weißt du, wie viele Menschen gerne deinen Job übernehmen würden?«

»Wir können froh sein, dass wir überhaupt noch eine Arbeit haben.«

»Du kannst dir gerne woanders eine Arbeit suchen.«

Mit diesen »verführerischen« Worten gerät der Mitarbeiter mit einer gefühlten Abhängigkeit und Verlustängsten unter Druck, fügt sich mangels Alternative und geht dann oft über seine Belastungsgrenzen.

Meist wirken mehrere Verführer zusammen. Das Problem mit den Verführern ist, dass die meisten *eigentlich* ausgesprochen wertvolle Grundeinstellungen der Mitarbeiter gegenüber ihrer Arbeit und ihrer Firma sind. Andere sind zumindest nachvollziehbar und verständlich. Sie sind tief in uns verwurzelt. Es sind unsere Werte, Bedürfnisse und Ängste, die uns selbstverständlich richtig erscheinen und uns am Herzen liegen, die wir pflegen und erhalten wollen. Gleichzeitig sind es die häufigsten Ursachen, warum Mitarbeiter mittel- bis langfristig so weit über ihre Belastungsgrenzen gehen, dass sie dabei gesundheitlich Schaden nehmen.

Selbstreflexion: Was sind meine Verführer? Mit welchen Worten kann mich mein Chef dazu »verführen«, über meine Belastungsgrenzen zu gehen?

Manchmal werden die »verführerischen« Sätze nicht von außen an uns herangetragen, sondern sind unsere eigenen Überzeugungen, die wir in einem inneren Dialog zu uns selbst sprechen. Statt der Entwicklung einer drohenden Erschöpfung hilflos ausgeliefert zu sein, ist es wichtig, dass wir rechtzeitig und entschieden gegensteuern. Sind wir uns unserer antreibenden Glaubenssätze bewusst, können wir sie bei Bedarf so überarbeiten, dass sie ihren Wert für uns erhalten, uns aber nicht länger schaden. Auf den Seiten 107 ff. Sie mehr dazu.

Wie hoch ist mein Risiko für Überlastung?

Zusätzlich zu den »Verführern« gibt es einige persönliche Eigenheiten, die das Risiko, in einen Burnout zu geraten, deutlich erhöhen. Ohne Anspruch auf Vollständigkeit sind die wichtigsten im Folgenden benannt.

Risikofaktor Einzelkämpfertum
Menschen, die am liebsten alles allein machen und sich als Einzelkämpfer fühlen, haben ein hohes Burnout-Risiko. Die Hintergründe können sehr unterschiedlich sein. Während der eine von der Kompetenz seines Umfeldes nicht viel hält und von dem Eindruck geleitet ist, keiner könnte die Arbeit so gut wie er selbst erledigen, hat ein anderer keine Lust darauf, sich mit seinem Umfeld abzustimmen und zu kooperieren. Wieder ein anderer bittet nicht gerne um Unterstützung, und der Nächste kommt erst gar nicht auf die Idee, dass er sich Hilfe bei anderen holen könnte.

Risikofaktor Perfektionismus
Die Liebe zum Detail führt zu einer hohen Qualität und hat erst so manchen Erfolg möglich gemacht. Das Bedürfnis, seine Arbeit gründlich, umfassend und hundertprozentig richtig zu erledigen, kann heute an den allermeisten Arbeitsplätzen nicht mehr befriedigt werden. Mit dem sogenannten Pareto-Prinzip (die 80-zu-20-Regel, benannt nach Vilfredo Pareto, 1848–1923) hat man erkannt, dass 80% der Ergebnisse in 20% der Gesamtzeit eines Projekts erreicht werden kann. Die verbleibenden 20% der Ergebnisse benötigen 80% der Gesamtzeit und verursachen die meiste Arbeit. Der Arbeitgeber erwartet Effizienz und Effektivität und fordert schnelle Leistung in kurzer Zeit. Vor diesem Hintergrund wird die 80%-Lösung bevorzugt. Selbst in Berufen, in denen eine hundertprozentige Leistung dringend erforderlich ist, wie es beispielsweise bei einen Herzchirurgen, Piloten, Schulbusfahrer oder Wissenschaftler der Fall ist, machen es die äußeren Rahmenbedingungen häufig unmöglich, die benötigte Quali-

tät zu sichern. Viele Experten sind leidenschaftliche Perfektionisten, das Persönlichkeitsmerkmal ist tief in ihnen verankert. Ihnen liegt eine hundertprozentige Lösung am Herzen. Deswegen bemühen sie sich auch, in der kürzeren Zeit eine 100%ige Lösung zu ermöglichen, kommen dadurch enorm unter Druck, haben aber dennoch kein Erfolgserlebnis, da sie mit ihrem unperfekten Ergebnis nicht zufrieden sind. Ein weiteres Problem entsteht, wenn jemand aufgrund seiner Persönlichkeit ein starkes Bedürfnis danach hat, Dinge erledigt und abgeschlossen zu haben, bevor er in den Feierabend geht. Das ist heutzutage aufgrund der Arbeitsmenge häufig nicht mehr leistbar. Menschen mit dieser Grundeinstellung machen meist zu viele Überstunden und können auch in ihrer Freizeit nicht abschalten.

Risikofaktor nicht Nein sagen können
Wieder andere haben ein starkes Bedürfnis, die Erwartungen ihres Umfeldes zu erfüllen, wollen freundlich, hilfsbereit und nett sein und stimmen auch dort zu, wo Abgrenzung notwendig wäre. Manche haben wenig Selbstbewusstsein oder sind schüchtern und trauen sich nicht zu widersprechen. Häufig ärgern sie sich im Nachhinein über ihre Zustimmung, leiden unter den Folgen, schaffen es aber auch beim nächsten Mal nicht, sich deutlich abzugrenzen – Mehrarbeit ist vorprogrammiert. Denn während früher Führungskräfte für ihre Mitarbeiter bewältigbare Arbeitspakete geschnürt haben, prasseln heute auf die Firmen, Chefs und Mitarbeiter ungesteuerte Arbeitsmengen ein.

Risikofaktor Sucht nach Anerkennung
Manche Mitarbeiter verspüren ein dringendes Bedürfnis nach Anerkennung für ihre Leistung von außen. In der Vergangenheit haben sie erlebt, wie sie aufgrund ihrer Leistungsbereitschaft, ihrer Ausdauer, Belastbarkeit und Kompetenz beachtete Erfolge verbuchen konnten. Sie haben von ihrem Umfeld dafür Lob und Anerkennung erhalten und weitere berufliche Herausforderungen anvertraut bekommen.

Das steigerte ihren Selbstwert, sie fühlten sich geschmeichelt, erkannt und gefördert, waren stolz, zufrieden und glücklich. Wie bei einer Art Sucht streben sie unter allen Umständen danach, ihre Leistungsfähigkeit weiter auszubauen und unter Beweis zu stellen. Sie wollen die Menschen, die ihnen viel zutrauen, nicht enttäuschen. Sie sind bereit, die Extrameile zu gehen, die Zähne zusammenzubeißen, ihre persönlichen Bedürfnisse hintanzustellen, um diese befriedigenden emotionalen und fachlichen Höhepunkte zu wiederholen. Sich einzugestehen, dass sie etwas nicht schaffen, erleben sie als persönliches Versagen. Um dies zu vermeiden, gehen sie weit über ihre Grenzen.

⭐ **Quickwin:** Suchen Sie sich in Ihrem privaten Umfeld eine Aufgabe, die Ihnen Freude bereitet und für die Sie Anerkennung und Dankbarkeit bekommen.

☁ **Selbstreflexion:** Welche Risikofaktoren habe ich? Wo bin ich gefährdet? Holen Sie eine Einschätzung von guten Freunden ein.

Was stresst mich im Job?

Die Arbeitswelt unterliegt, wie auch die Evolution, einem ständigen Wandel. Zum Glück sind wir mit allen notwendigen Kompetenzen ausgestattet, diesen Veränderungen zu begegnen. Es ist erstaunlich, welche Anpassungsfähigkeit uns die Natur mitgegeben hat. Man hat jahrelang gedacht, dass zumindest genetische Veränderung und Anpassung nur über viele Generationen möglich ist. Inzwischen wissen wir, dass wir uns bereits in der nächsten Generation bei Bedarf mit unserem Erbgut Wettereinflüssen oder Hungersnöten anpassen können. Mit unserer eigenen bewussten Anstrengung können wir auf diese natürliche Grundausstattung unserer Anpassungsfähigkeit zugreifen und uns weiterentwickeln. Grundlage hierfür sind eine klare

Analyse der Situation und unsere Entscheidung, wie wir dieser begegnen wollen. Derzeit fordern uns die Veränderungen an unseren Arbeitsplätzen täglich heraus. Wir bewerten vieles als Fehlentwicklungen in unserer Firma und hadern mit der Führungsmannschaft. Weil uns der Einblick in andere Firmen fehlt, erkennen wir nicht, dass es sich dabei um größere Entwicklungsstränge handelt, die den gesamten deutschen Markt überziehen. Betrachten wir einige wesentliche, typische und kritische Entwicklungen in der Arbeitswelt, die uns den Berufsalltag erschweren.

Erzwungene Veränderung

In den Unternehmen jagt eine Umstrukturierung die andere. Das wirkt auf Mitarbeiter planlos. Führt doch jede Veränderung zu Unklarheiten und Reibungsverlusten im Arbeitsprozess und macht ein effektives Arbeiten erst mal unmöglich. Aufgrund fehlender Hintergrundinformationen können wir das Handeln im Topmanagement nur schwer nachvollziehen. Häufig schätzen wir die Unternehmenssituation falsch ein und erkennen den Ernst der Lage nicht. Wir unterstellen dem Verursacher der Veränderung Inkompetenz, schlechte Absichten, mangelnde Wertschätzung für mühsam erarbeitetes Erfahrungswissen sowie mangelndes Urteilsvermögen. Wir fangen dann an zu lamentieren und bemühen uns darum, die alten bekannten Zustände zu erhalten. Statt uns den neuen Herausforderungen zu stellen, hadern wir mit den verantwortlichen Entscheidern und deren Entscheidungen. Leicht verschwenden wir dabei unsere wertvolle Energie in einem aussichtslosen Kampf.

Ein Blick zurück in die Geschichte
Aus heutiger Sicht klingt es unglaublich, doch auch gegen die Erfindung des Rads fanden sich seinerzeit Argumente. Als der Einsatz ihrer enormen Körperkraft durch das Rad überflüssig wurde, verloren viele tüchtige Männer ihre Arbeit. Zu allen Zeiten gab es Weiterentwicklungen im Arbeitsumfeld, häufig durch technische Neuerungen,

die einzelne Berufsfelder überflüssig machten – und sie wird es immer wieder geben. Betroffene Mitarbeiter erfahren dadurch persönliches Leid. Sie müssen von einer lieb gewonnenen Tätigkeit, in der sie angesehene Experten waren, Abschied nehmen. Sie verlieren dabei ihre Existenzgrundlage, ihr Ansehen und häufig auch ihr Selbstwertgefühl. Wolfgang Ambros hat in seinem wunderbar melancholischen Song »Schaffnerlos« dem einst angesehenen Schaffner, der durch einen Stempelautomaten ersetzt wurde, ein Denkmal gesetzt. Doch die Welt wie auch die Jobs verändern sich, und wir tun gut daran, uns mitzuentwickeln und im besten Fall Veränderungen sogar mit Neugierde zu begegnen. Es kann uns passieren, dass lieb gewordene Arbeitsplätze oder Aufgabenstellungen, Arbeitsprozesse, das, was wir gut können und mit Leidenschaft und Herzblut über viele Jahre erfolgreich gemacht haben, schlichtweg so nicht mehr gebraucht oder gewollt werden.

★ Quickwin: Hören Sie sich auf You Tube den Song »Schaffnerlos« von Wolfgang Ambros an. Schreiben Sie den Refrain auf Ihren eigenen Arbeitsplatz um. Singen Sie inbrünstig und wehklagend »Ihren« Abschiedssong.

Der Preis der Veränderung

Viele Menschen sind bereit, mit den Aufgaben und Herausforderungen zu wachsen. Doch auch sie geraten leicht in Not. In vielen Firmen werden häufig Entscheidungen getroffen und Veränderungen resolut vorgegeben, ohne die erfolgreiche Umsetzung zu planen. Um eine höhere Flexibilität und leichtere Einsatzplanung der Mitarbeiter zu ermöglichen, sollen erfahrene, hoch spezialisierte Experten von jetzt auf gleich ein Team bilden, in dem alle das Gleiche wissen und können sollen. Inhaltlich spricht viel für so eine Entscheidung: gegenseitig Vertretungen, hohe Flexibilität, Wissen aus einer Hand, one face to the customer etc. Hintergrund für eine derartige Entscheidung ist meist ein unbewältigbares Arbeitsaufkommen. Was jetzt noch fehlt, ist die Kleinigkeit, wie der Wissens- und Erfahrungsschatz, welchen sich die Experten über viele Jahre hinweg angeeignet haben, gegenseitig ausgetauscht werden soll, während alle gleichzeitig nebenbei das hohe Arbeitspensum bewältigen müssen, weswegen die Lösung ja angedacht ist. Wozu führt das?

Wenn wir früher als Experte in unserem Fachgebiet fleißig gearbeitet haben, konnten wir jeden Tag eine Menge Arbeit wegschaffen und, zumindest meistens, Erfolge verzeichnen. Nun stehen wir vor der Situation, dass uns jeder Arbeitsvorgang, den wir seit der Umstrukturierung beginnen, in das längst überwunden geglaubte Gefühl eines Praktikanten am ersten Arbeitstag zurückversetzt. Die Arbeit wird uneffizient und mühsam. Das führt in der Summe zwangsweise zu einem wenig prickelnden Grundgefühl, nämlich zu dem Gefühl der Überforderung mit Erschöpfungszuständen. Schließlich werden uns unsere wohlverdienten Erfolgslorbeeren vorenthalten, die uns Glückshormone bescheren würden. Stattdessen zermürben uns Misserfolgserlebnisse. Ähnliches findet bei technischen Neuerungen, Veränderungen der Ablaufprozesse usw. statt.

★ **Quickwin:** Machen Sie gedanklich in Ihrer Firma ein dreimonatiges Praktikum. Sehen Sie Ihr Gehalt als Praktikumsvergütung an und freuen Sie sich über die enorme Höhe. Konzentrieren Sie sich darauf, möglichst viel zu lernen, Erfahrungen zu sammeln, und machen Sie sich bewusst, wie Sie gleichzeitig Ihren Marktwert damit steigern.

Schleichender Stellenabbau

Unter dem Druck der internationalen Wettbewerbsfähigkeit wird seit Jahren in den Unternehmen eine Strategie der Effizienzsteigerungs-Politik betrieben. Stellen von Mitarbeitern, die kündigen oder für lange Zeit krankgeschrieben sind, werden nicht nachbesetzt. Ihre Arbeit wird auf die verbleibenden Kollegen verteilt. Die Strategie hat ihren Erfolg, Deutschland ist sehr wettbewerbsfähig und steht im internationalen Vergleich durchaus sehr gut da. Doch das

Ganze hat seinen Preis – die Mitarbeiter gehen unter der Arbeitsmenge in die Knie.

Steigerung der Geschwindigkeit und ständige Erreichbarkeit

Durch die Globalisierung arbeiten inzwischen viele Firmen rund um die Uhr. Während die Mitarbeiter in dem einen Land in den Feierabend gehen, starten die Kollegen vom anderen Kontinent gerade in den Arbeitstag. Um den notwendigen Austausch der Kollegen zu ermöglichen, verschieben sich die Arbeitszeiten. Mit den technischen Möglichkeiten durch Handy, Laptop, Videokonferenz sind die Erwartungen an die Erreichbarkeit und Reaktionszeit der Kollegen gestiegen. Ständig laufen wir Gefahr, von jetzt auf gleich Rede und Antwort stehen zu müssen. Zudem fliegen uns auf diese Weise quasi nebenbei laufend neue Kleinaufträge zu. Niemand hat mehr Geduld und Verständnis für Wartezeiten. Um einen reibungslosen Arbeitsprozess zu gewährleisten, reagieren wichtige Experten und Führungskräfte auch nach Feierabend, am Wochenende und im Urlaub auf ihre Mails. Um der Masse der elektronischen Nachrichten Herr zu werden, müssen wir ständig dranbleiben. Viele lesen im Urlaub ihre Mails, damit sie am ersten Arbeitstag nicht von einer unbewältigbaren Welle überflutet werden. Es fehlt uns zunehmend die Möglichkeit, abzuschalten und zur inneren Ruhe zu finden.

Höhere Anforderungen und mehr Komplexität

Firmen wachsen und entwickeln sich laufend weiter. Die Anforderungen an den einzelnen Mitarbeiter verändern sich dadurch. So wird in einer Firma beispielsweise nicht mehr im Schwarzwald, sondern in China bestellt und verhandelt. Das ist mit völlig neuen Herausforderungen an Fachwissen, Sprachkenntnissen und rechtlichen Rahmenbedingungen verbunden. Ebenso müssen steuerliche und kulturelle Besonderheiten berücksichtigt werden. Die internen Abläufe, Abstimmungs- und Entscheidungswege sind deutlich komplexer, langsamer und herausfordernder. Immer mehr Menschen wollen oder müssen mitdenken, -diskutieren und -entscheiden. Die Folge ist, dass man für gleiche Umsatzzahlen deutlich mehr Aufwand betreiben muss. Das frustriert eher, als dass es einem ein beschwingtes Erfolgserleben gibt, da man merkt, dass man in früheren Zeiten wesentlich effektiver das Gleiche erreichen konnte.

Von der körperlichen zur psychischen Überlastung

Zu viel Arbeit gab es leider schon immer. Unsere Vorfahren mussten körperliche Schwerstarbeit leisten und litten vorwiegend unter physischen Abnutzungserscheinungen. Heute hingegen leiden wir unter psychischer Überlastung. Fehler werden sichtbar, und wir stehen unter einem hohen Verantwortungsstress. Das geht an die Nerven. Kollegen machen schlapp und fallen aus, ein halbes Jahr Krankenstand ist keine Besonderheit. Damit wird eine negative Belastungsspirale losgetreten: Wenn ein Kollege ausfällt, wird seine Arbeit auf die Schultern der »gesunden« Kollegen verteilt. Lieschen Müller, bislang fröhlich, kernig und gesund, beginnt zu kränkeln und zu granteln. Dauerstress macht bekanntlich unzufrieden und anfällig für Krankheiten. Meldet sie sich in solch einer Teamüberlastungssituation auch noch krank, so unterstellen ihr die anderen schnell unkollegiales Verhalten, fühlen sich von ihr im Stich gelassen und sind sauer. Wachsende Teamkonflikte belasten den Arbeitsalltag und sorgen dafür, dass das letzte bisschen Spaß an der Arbeit verloren geht. Lieschen Müller, die ihre Arbeit seit Jahren liebte, ist dann bitter enttäuscht über die Ablehnung der Kollegen und hat nun auch keine Lust mehr. Sie lässt sich lieber noch mal ein paar Tage befreien.

⚡ **Selbstreflexion:** Was sind die konkreten Veränderungen an meinem Arbeitsplatz? Welche erschweren meinen Alltag? Welche erleichtern meinen Alltag?

Zusammenfassung: Es gibt derzeit in den Unternehmen die verschiedensten Ursachen, die zu einer dauerhaften Überlastung der Mitarbeiter führen können.

➜ Es ist zu viel: Die Arbeitsmenge, der Zeitdruck, die Verantwortung etc. ist zu viel. Es kann aber auch die Breite unseres Aufgabenspektrums sein, die uns zu viel ist.

➜ Es ist zu schwierig: Wir bekommen neue Aufgaben übertragen, für die wir nicht ausgebildet sind. Es gibt keinen kompetenten Ansprechpartner, den wir fragen können, sodass wir gezwungen sind, uns das notwendige Wissen selbst zu erarbeiten. Kommt dann die Aufgabenbreite hinzu, kann sich das neue Wissen nicht festigen, da jede einzelne Fragestellung ein Sonderfall ist, der keinen allgemeingültigen Erkenntnisgewinn mit sich bringt. Oder wir arbeiten mit einer neuen Software, die wir noch nicht beherrschen oder die noch nicht einwandfrei funktioniert.

➜ Es ist zu komplex: Es müssen zu viele Fachleute in eine Fragestellung eingebunden werden. Es ist schwer, den Überblick zu behalten, es dauert lange, alle zu koordinieren, und keiner möchte eine Entscheidung treffen und diese verantworten.

➜ Es ist zu unklar: Neue Prozesse, neue Ansprechpartner, neue Methoden, Hintergründe, Ziele, Strategien und Absichten sind unklar und wechseln in schneller Folge.

➜ Es fehlt die Wertschätzung: Der Mitarbeiter fühlt sich schlecht informiert, in seiner Leistung nicht gesehen und anerkannt, schlecht behandelt und geführt. Die Balance zwischen dem, was die Firma von ihm nimmt und fordert, und dem, was sie ihm zurückgibt, ist gestört.

➜ Und vieles mehr …

Selbstreflexion: Was ist es konkret, was mir an meinem Arbeitsplatz zu schaffen macht?

Was stresst mich im Alltag?

Lassen Sie uns an dieser Stelle einen Blick auf die Veränderungen im privaten Bereich werfen. Denn schnelle Veränderung und neue Anforderungen machen vor dem Privatleben nicht Halt.

Der Umgang mit unserer Zeit

Wir haben der Zeit den Kampf angesagt. Wir versuchen ständig, ihr ein Schnippchen zu schlagen. Die Idee dabei ist, wenn alles schneller geht, schaffen wir mehr und haben am Ende auch noch mehr Zeit für uns. So erledigen wir alles mit erhöhter Geschwindigkeit. Mit dem Auto geht es schneller als mit dem Fahrrad oder zu Fuß. Telefonisch besprechen geht schneller, als sich persönlich zu treffen. Ein paar Sätze per SMS oder über Facebook reichen aus, um unsere Kontakte zu pflegen. Wir erledigen unsere Dinge nicht in Ruhe, sondern versuchen sie möglichst schnell hinter uns zu bringen. Mit dem Ergebnis, dass wir rast- und kraftlos werden. Für Wartezeiten haben wir keine Geduld. Ob auf den Bus, im Stau oder an der Kasse, Wartezeiten halten uns auf und nerven uns. Abends hängen wir desolat auf der Couch vor dem Fernseher, mit letzten Kräften die Fernbedienung haltend, und zappen uns durch ein schlechtes Programm. Wir lassen uns berieseln und schaffen nur schwer den rechtzeitigen Absprung ins Bett. Wir haben heute mehr Freizeit denn je. Urlaubstage, Feiertage, Brückentage, Gleitzeit – trotzdem fühlen wir uns immer gehetzt.

★ **Quickwin:** Gönnen Sie sich zwei Wochen Langsamkeit. Lassen Sie, wann immer es möglich ist, Ihr Auto stehen und gehen Sie zu Fuß oder fahren Sie mit dem Fahrrad.

Die Qual der Wahl

Für die Gestaltung unserer Freizeit stehen uns nahezu unbegrenzte Möglichkeiten zur Verfügung. Die modernen Städte, Vereine und kommerzielle Anbieter bieten uns ein umfassendes Kultur- und Sportangebot. Das macht uns nicht glücklicher, sondern gehetzter und gieriger. Wir wollen alles mitnehmen, was Spaß macht, und geraten dabei in Freizeitstress. Denn die Angebote sind äußerst attraktiv, es gibt immer wieder etwas Neues. Leider ist es immer mehr, als wir wahrnehmen können. Dadurch sind wir permanent im Mangelbereich. Wir machen, so viel wir können, aber immer mit dem leichten Zweifel, ob wir das richtige Erlebnis mitgenommen oder gar das Beste versäumt haben. Wir können sonntags am See liegen und uns mit der Frage plagen, ob wir nicht doch besser mit lieben Freunden, die wir schon lange nicht mehr gesehen haben, zum Bergwandern hätten gehen sollen. Oder nachher noch schnell das kostenfreie Open-Air-Konzert in der City besuchen sollten. Oder ob wir nicht endlich mal unsere Steuererklärung erledigen oder unsere einsame Mutter besuchen müssten. Es entspricht ganz offensichtlich nicht unserer menschlichen Natur, bescheiden und zufrieden zu sein.

★ **Quickwin:** Treffen Sie sich mit Freunden statt in einer Kneipe mal in einem Park und machen Sie gemeinsam einen ausgiebigen Abendspaziergang.

Ansprüche über Ansprüche

Wir pflegen einen bewussten, kultivierten, natürlichen, sportlichen und gesunden Wohlstandslebensstil. Wir machen Yoga, sind reflektiert, gebildet und tolerant. Wir wollen gleichzeitig in verschiedenen Rollen erfolgreich sein, als Frau, Mutter und Businessfrau bzw. als Mann, Vater und Geschäftsmann. Dafür müssen wir gut funktionieren, gepflegt aussehen wie die schicken Damen und Herren in der Werbung. Täglich frisch geduscht, ein schickes Outfit, topmodern, frisch duftend, gewaschen und gebügelt, rasiert und meditiert, gesund und vollwertig gefrühstückt, Nägel gepflegt, Haare gesträhnt, Hornhaut gehobelt. Der Zeit- und Energieaufwand, der entsteht, nur damit wir top gepflegt aus dem Haus gehen, ist enorm. Und dann geht der Tag erst los. Wohnung, Auto, Urlaub – wir befinden uns ständig in einem Optimierungswahn und erhöhen unsere Ansprüche an unseren Lebensstil.

★ **Quickwin:** Gehen Sie einen ganzen Tag auf Offline. Gehen Sie nicht ans Telefon, duschen Sie nicht, schminken Sie sich nicht, bleiben Sie im gemütlichen »Schlabberlook« und legen Sie sich mit einer Decke, einem Tässchen Tee und einem schönen Buch oder einem lieben Menschen auf die Couch.

Fragezeichen über Fragezeichen

Früher gab es klare allgemeingültige Rollenvorstellungen. Wie verhält sich ein Mann und wie verhält sich eine Frau, eine Mutter und ein Vater? Heute ist alles offen. Jedes Pärchen muss seine Rollen ganz individuell definieren und immer wieder neu aushandeln.

Als Mutter wollen wir die Familie gesund ernähren. Traditionell, biologisch oder vegetarisch? Ein Skandal jagt den anderen in der Lebensmittelindustrie, sodass uns der feine Happen im Hals stecken bleibt. Was ist gesund? Die Meinungen gehen auch hierzu weit auseinander.

Unsere Kinder müssen glücklich, sportlich, gepflegt, liebenswert und erfolgreich in der Schule sein. Eltern stehen unter enormem Druck, alles richtig zu machen. Doch es gibt keine Klarheit, was falsch und was richtig ist. Fördern sie ihr Kind, so bekommen sie von ihrem Umfeld den Fingerzeig, es nicht zu überfordern. Lassen sie dem Kind viel Freiraum, so wird ihnen unterstellt, ihre Verantwortung nicht zu übernehmen und dem Kind Chancen fürs Leben zu verbauen. Auch hier gibt es wenig allgemeingültige Vorgaben. Jede Familie muss im Rahmen der unbegrenzten Möglichkeiten ihren individuellen Weg selbst bestimmen und verantworten.

Unzählige kleine Stolpersteine

Wie einfach war das Leben, als es noch die gute alte Glühbirne gab. Jeder konnte sie eindrehen oder herausschrauben, und in jedem Supermarkt war sie zu kaufen. Wenn heute im Spiegelschränkchen im Bad ein Lämpchen ausfällt, muss man …

➜ herausbekommen, wie man das Lämpchen entfernt
➜ wo man es nachkaufen kann
➜ wie man es wieder einsetzt.

Um das kleine Lämpchen zu ersetzen, benötigen wir eine Menge Zeit und Energie und haben einige Hürden zu überwinden. Wir müssen extra in einen Baumarkt fahren und uns beraten lassen, damit wir auch wirklich das richtige Ersatzlämpchen mitnehmen. Wenn wir das Lämpchen zu Hause beim Einsetzen mit unseren Fingern anfassen, ist es kaputt. Dass man es nur mit einem Tuch berühren darf – auf diese Idee müssen wir erst einmal kommen. Das bedeutet einige Zeit des ratlosen Erforschens, warum das Lämpchen nicht brennt, ein weiteres Mal in den Baumarkt fahren usw.

Die Glühbirne soll nur als Beispiel dienen, um aufzuzeigen, wie uns die einfachsten alltäglichen Dinge auf Trab halten. Es ist die Summe solcher kleinen Stolpersteine, die uns im Alltag jede Menge Zeit und Nerven kosten. Denken Sie nur daran, welche Hilflosigkeit und Verzweiflung uns überkommen kann, wenn das Internet nicht mehr geht oder ein Trojaner auf unserem Bildschirm erscheint. Viele Vereinfachungen in unserem Leben sind nur so lange einfach, wie sie funktionieren. Sobald eine Störung auftritt, werden einfache Dinge kompliziert und komplizierte Dinge für uns unlösbar. Wir können Störungen nicht selbst beheben, sondern benötigen einen Experten. Ihn müssen wir erst finden, warten, bis er Zeit für unser Anliegen hat, und seine Dienstleistung dann teuer bezahlen.

Up to date bleiben

Die technischen Entwicklungen schreiten mit rasantem Tempo voran. Handys, Laptop, iPad, Fernseher bieten immer mehr Möglichkeiten. Es ist schwierig, stets am Ball zu bleiben und die Neuerungen zu kennen und nutzen zu können. Wenn wir heute einen neuen

Fernseher brauchen und eine überlegte Kaufentscheidung treffen möchten, reicht das Beratungsgespräch mit einem Verkäufer kaum aus. Mühsam müssen wir uns durch das Fachchinesisch, die technischen Möglichkeiten, Voraussetzungen und zukünftigen Bedarfe arbeiten. Gleiches gilt für jede neue Soft- und Hardware. Wohl dem, der jugendliche Freunde in seinem Umfeld befragen und um Hilfe bitten kann.

Weltnachrichten und permanente Reizüberflutung

Wir verstehen uns als gebildete, informierte Bürger. Täglich tragen uns die Medien die Katastrophen und politischen Entwicklungen aus der ganzen Welt in unsere Privaträume. Jährlich erscheinen 80000 neue interessante Bücher am Markt, das Internet öffnet uns die Türen zu allen spannenden, lehrreichen, witzigen, unterhaltsamen Informationen, Filmen, Tönen, Kommentaren. Über soziale Netzwerke stehen wir mit enorm vielen Menschen im persönlichen Austausch. Radio und Fernsehen werben rund um die Uhr um unsere Aufmerksamkeit. Überall drängt uns die Werbung ungefragt ihre Botschaft auf und manipuliert mit subtilen Methoden unser Denken, Empfinden und Handeln.

★ **Quickwin:** Gönnen Sie sich eine Woche Medienpause. Verzichten Sie auf Zeitung, Radio und Fernsehen. Erlauben Sie sich bewusst, nichts mitzubekommen und quasi »hinterm Mond« zu leben.

⚡ **Selbstreflexion:** Welche Faktoren belasten meinen Alltag? Welche Möglichkeiten sehe ich, Belastungen zu reduzieren oder abzubauen? Was wäre der Preis dafür, was der Gewinn?

Wie also können wir den aktuellen Veränderungen in der Arbeitswelt und im Privatleben begegnen, sodass wir gesund und fröhlich bleiben? Versuchen wir zunächst tiefer zu verstehen, wie unser Körper auf Veränderungen genau reagiert. Es ist spannend und lehrreich, die

Wirkweise dieses ausgeklügelten, natürlichen Systems zu erkennen. Denn nicht jede Veränderung bedeutet Stress im negativen Sinn oder führt gar in den Burnout. Dazu müssen erst mehrere Faktoren zusammenkommen.

TEIL II

Wirkungen verstehen: Fundiert und kundig um Zusammenhänge wissen

Was passiert bei Stress in Kopf und Körper?

Stress ist nicht gleich Stress

Stress ist in den letzten 20 Jahren zunehmend in Verruf geraten. Er gilt per se als krank machend, und damit hat er ein Image, das er eigentlich gar nicht verdient. Wäre er ein Mensch, würde der Arme sich herbeigesehnt und gleichzeitig gemobbt fühlen. Stress erfüllt für uns viele Funktionen. Zum einen stellt er uns die Kräfte eines Hochleistungssportlers zur Verfügung, andererseits beschert er uns Herz-Kreislauf-Erkrankungen und schwächt unser Immunsystem, wenn er zum ständigen Begleiter geworden ist.

Er bringt uns aber auch morgens auf Touren, lässt uns durchhalten, solange wir ein Ziel vor Augen haben, und macht uns sogar glücklich. Gelingt es uns, Stress besser zu verstehen, können wir ihn zu unserem Vorteil nutzen und den negativen Auswirkungen auf die Gesundheit bis hin zum Burnout gezielt entgegensteuern. Was dabei im Körper vor sich geht, erfahren Sie im nächsten Kapitel. Wie chronischer Stress entsteht und unseren Körper und Geist verändert, finden Sie im Kapitel »Vom Erfolg zur Erschöpfung«.

Wach und konzentriert – ohne Stress geht nichts

Um zu verstehen, wie unser Körper in Stresssituationen reagiert, bedarf es zunächst eines kurzen Blickes darauf, wie er sich für die Herausforderungen des Tages bereit macht. Bereits morgens beim Aufstehen wird unser Hormonsystem durch das Stresshormon Cortisol aktiviert. Es wird ausgeschüttet und erfüllt seine erste Pflicht, indem es uns wach macht. Über den Tag unterliegt die Cortisolausschüttung Schwankungen und erreicht nach Mitternacht ihren Tiefpunkt. Es ist das wichtigste Stresshormon und für einen gesunden Körper notwendig, da es in viele Prozesse regulierend eingreift. Cortisol wird in der Nebennierenrinde produziert und in die Blutbahnen abgegeben, nachdem es nach einem ausgeklügelten System vom Hypothalamus (Hirnanhangdrüse) über die Hypophyse angefordert wird. Es macht uns nicht nur wach, sondern ist auch dafür verantwortlich, dass sich eine kleine Entzündung nicht im ganzen Körper ausbreitet. Es bewahrt uns sogar vor überschießenden Immunreaktionen wie Allergien.

Veränderung bedeutet Stress

Wir Menschen leben und agieren in engen Beziehungsgeflechten. Um uns darin zurechtzufinden, müssen wir ohne Unterlass Vermutungen darüber anstellen, wie unsere Mitmenschen reagieren, was sie als Nächstes zu tun gedenken. Handeln sie nicht unseren Vermutungen entsprechend, sind wir irritiert, suchen nach Erklärungen, geraten in Stress. Auch jede Veränderung einer zwischenmenschlichen Beziehung löst in unserem Körper eine mehr oder weniger starke Stressreaktion aus. Neue Situationen und Herausforderungen versetzen uns umgehend in einen besonderen Wachzustand. Dann werden Stresshormone und Neurotransmitter wie Adrenalin, Noradrenalin und Cortisol ausgeschüttet, um uns auf Touren zu bringen. Sie sorgen dafür, dass wir uns konzentrieren können, schärfen unsere Wahrnehmung und steigern unsere geistige Leistungsfähigkeit. Ganz nebenbei koordinieren sie noch unsere Motorik und erhöhen den Blutdruck für eine bessere Durchblutung.

Immer dann, wenn wir unsere gewohnten Pfade verlassen, wenn etwas anders verläuft, als wir es erwarten, aktiviert sich dieses kluge System. Wir schalten unseren Routine-Autopiloten ab und übernehmen das Steuer.

Stress wird nach Bedarf dosiert – mit Veränderungen für Denken und Handeln

Tritt in einer Situation eine Komplikation im Sinne von »unerwartet« auf, werden Tempo und Wachsamkeit erhöht – der Stress beginnt. Wir kramen nun in unserem bereits vorhandenen Handlungsrepertoire und versuchen auf ein geeignetes Handlungsmuster aus vielen abgespeicherten Erfahrungen zurückzugreifen. Haben wir etwas Passendes in unserem Fundus entdeckt, schreiten wir zur Tat.

Findet sich nichts Geeignetes, müssen wir kreativ neue Ideen entwickeln und diese auf ihre Tauglichkeit hin überprüfen. Dann müssen wir unsere alten Trampelpfade verlassen, uns neue Wege erschließen und dazulernen – der Stress nimmt zu.

Geraten wir zusätzlich unter Zeitdruck, können wir nicht mehr lange alle Vor- und Nachteile abwägen oder kreativ werden. In solchen Situationen ist unsere Ratio schlichtweg zu langsam – der Stress nimmt weiter zu. Wenn wir den Weg nicht kennen, gleichzeitig auf der Autobahn gerade einen Lastwagen überholen und plötzlich die nächste Abfahrt nehmen müssen, dann ist schnelles Handeln gefragt.

Stress als Verführer – unser hormonelles Belohnungssystem

Stress macht glücklich

Verlassen wir unsere ausgetretenen Pfade, werden wir aktiv und kreativ, belohnt uns unser Körper mit der Ausschüttung von Glückshormonen. Dopamin und Serotonin sind bei Stressreaktionen mit erhöhter Aufmerksamkeit mit von der Partie. Zunächst steigern sie unsere Aufmerksamkeit, fördern die Bereitschaft, Herausforderungen anzunehmen, und erhöhen die körperliche und geistige Leistungsfähigkeit. Sie sorgen dafür, dass wir Anstrengungen bis zur Erschöpfung auf uns nehmen, und heben dabei noch unsere Stimmung. Trotz Anstrengung sind wir gut gelaunt.

Werden unsere Anstrengungen noch von Erfolg gekrönt, haben wir z. B. unsere Präsentation gut gemeistert, hält unser Körper zusätzlich eine satte Belohnung in Form von Glückshormonen bereit. Unser Selbstwert wächst wieder ein Stückchen, und wir haben eine neue Lösungsstrategie hinzugewonnen. Wir verbuchen unsere Leistung als Erfolg, und Erfolg macht glücklich. Kurzum, unsere Hormone feiern uns und wir sind bereit, den nächsten Herausforderungen entgegenzustreben. Wir wollen mehr davon, denn einmal ist kein-mal. So wird Stress zum weiteren Verführer für uns.

Konsequenz: Wir wollen mehr Stress
Auf diesem Prinzip beruht Lernen. Wir wollen ausprobieren, mehr erfahren und werden neugierig auf das, was es noch zu entdecken gibt. Niemand würde sich anstrengen, wenn wir nichts davon hät-ten, wenn sich keine Bestätigung und kein körperliches Wohlgefühl einstellen würden. Kein Läufer würde einen Marathon durchhalten oder ein zweites Mal diese Anstrengung auf sich nehmen, wenn er anschließend nur Muskelkater hätte und todmüde wäre. Er macht es wieder, weil er das gute Körpergefühl und die satte Belohnung durch Glückshormone wieder haben möchte. Im Vergleich dazu fühlt sich der Muskelkater wie eine lästige Mücke an. Ohne diesen Mechanis-mus gäbe es keinen Hochleistungssport und auch sonst keine Spit-zenleistung, wenn uns nicht das körpereigene Belohnungssystem aufs Siegertreppchen heben würde.

⭐ **Quickwin:** Serotonin wird aus L-Tryptophan gebildet, das wir mit der Nahrung zu uns nehmen. Es ist z. B. enthalten in Walnüssen, Bananen, Kakao, Ananas, Kiwis, Pflaumen und Tomaten. Haben wir zu wenig davon, kann z. B. ein Mangel nach einer Dauerbelastung zu Schlaflosigkeit, depressiven Zuständen, Aufmerksamkeitsstörungen, aber auch Angstzuständen führen.

Stress als Überlebensreaktion

Gelingt es uns, geeignete Lösungen auf unseren neuronalen Ge-dächtnispfaden abzurufen, spricht man von einer kontrollierten Stressreaktion. Dank der Stressreaktion sind wir für die Herausfor-derungen des Alltags und der Umwelt bestens gewappnet. Sie erhöht unsere Aufmerksamkeit und Schnelligkeit. In extremen Situationen und wenn Gefahr droht, mobilisiert sie den gesamten Organismus. Die Stressreaktion macht uns bereit für die Flucht oder den Kampf.

Herzschlag und Puls werden beschleunigt, die Atmung geht schneller. Um alle Energie in die Muskeln zu bringen, wird Blut aus den Organen abgezogen. Nierenaktivität und Darmtätigkeit werden zugunsten einer verbesserten Durchblutung der Muskeln gedrosselt. Die Pupillen weiten sich, wodurch sich der Radius unserer visuellen Wahrnehmung erweitert. Dies geschieht zulasten des fokussierten Sehens, was unserem Körper bei einem Angriff mehrerer Gegner oder Umweltkatastrophen aus Erfahrung offensichtlich nicht so wichtig erscheint, nach dem Motto besser alles im Blick behalten, als sich mit Kleinkram abgeben.

Alles funktioniert nach einem sehr ausgeklügelten System, das uns das Überleben von Eiszeiten und Dürren, aber auch von Angriffen feindlicher Spezies erleichtert hat. Das ist in der Regel der Mensch selbst, allein in New York werden jährlich 10-mal mehr Menschen von Menschen gebissen als weltweit von Haien[2].

Wenn keine Lösung in Sicht ist: Die unkontrollierte Stressreaktion

In Gefahrensituationen greifen wir blitzschnell auf unseren gesamten Erfahrungsschatz zu, der in Millionen von Nervenzellen in unserem Gehirn abgespeichert ist. Haben wir viele brauchbare Erfahrungen in unserem Leben gemacht, stellt unser Gehirn dementsprechend viele Handlungsmuster und Möglichkeiten zum Abruf bereit. Finden wir nichts Brauchbares in unserem Gehirn, taugen unsere Gedankenkonstrukte nicht mehr, tritt unser Stammhirn mit seinen Anweisungen in Aktion und kurbelt das noradrenerge System an. Das logische Denken wird zugunsten der Stammhirnfunktionen heruntergefahren. Denn nun müssen wir noch aufmerksamer, schneller, flucht- bzw. kampfbereiter sein, eine andere Möglichkeit scheint es ja gerade nicht zu geben, um unser Überleben zu sichern. Dabei unterscheidet unser Gehirn nicht, ob wir einer Mathe-Prüfung oder einem großen, Zähne fletschenden Tiger gegenüberstehen. Nun befinden wir uns in einer unkontrollierten Stressreaktion: im Kampf- und Fluchtmodus.

Mit kleinem Stress dem großen Stress vorbeugen

Insgesamt gilt es möglichst viele verschiedene Erfahrungen und Wissensinhalte abzuspeichern, um gegen unkontrollierte Stressreaktionen gewappnet zu sein. Um erst gar nicht in solche Engpässe zu geraten, kommt nun schon wieder unser Stresssystem in Form von Lernen ins Spiel. Die beste Stressprävention ist Lernen durch kontrollierbaren Stress. Darum stellen wir Ihnen nun zwei Aspekte für leichtes Lernen durch die kontrollierte Stressreaktion vor. Denn Lernen in der Entspannung ist zeitintensiv und wenig Erfolg versprechend.

Durch eine Stressreaktion werden wir nicht nur wachgerüttelt, sondern können dadurch überhaupt erst Erfahrungen, Wissen etc. erwerben. Inzwischen weiß man aus der Hirnforschung, dass Lernen mit einer gleichzeitigen Aktivierung des noradrenergen Systems vonstatten geht[3]. Ohne etwas Aufregung und emotionale Beteiligung ist es uns nicht möglich, neue Erfahrungen und Wissen als Gedächtnisinhalte abzuspeichern. Zuerst brauchen wir eine gewisse Aufmerksamkeit, um in unseren Arbeitsspeicher zu gelangen. Auch die Länge der Aufmerksamkeit ist entscheidend! Erst durch unsere anhaltende Aufmerksamkeit wird eine sogenannte »Second-Messenger«-Kaskade eingeleitet, wodurch die Erregungsbereitschaft unserer Nervenzellen ansteigt und es zur Ausbildung weiterer Synapsen mit einer Bahnung von Gedächtnisinhalten[4] kommt. Dauert dies Sekunden bis Minuten, bestehen gute Chancen, z. B. die Information eines Kollegen im Gedächtnis zu behalten. Ist die Aufmerksamkeitsspanne und damit die Erregung zu kurz, schlafen unsere Neuronen einfach wieder ein und es passiert nichts. Wir können uns an nichts erinnern. Offensichtlich hemmt auch Langeweile das Abspeichern von Gedächtnisinhalten, das fand der Bildungsforscher Thomas Götz heraus. Wer sich häufig langweilt, hat im Durchschnitt auch schlechtere Noten. (In jeder Unterrichtsstunde langweilen sich im Durchschnitt mehr als die Hälfte aller Schüler.) Das Gleiche gilt wohl für eintönige Besprechungen etc. Wir schweifen ab, die Inhalte müssen im Nachhinein erfragt oder erarbeitet werden, und wir verlieren wertvolle Zeit.

Lernen durch Glückshormone

Auch eine emotionale Beteiligung an Lerninhalten, Situationen etc. erhöht unsere Aufmerksamkeit und erleichtert die Abspeicherung in unserem Gehirn. Sobald Gefühle im Spiel sind, erhöhen sich unsere Merkfähigkeit und die Aussicht auf schnelles Lernen enorm. Es muss uns etwas reizen, damit unsere Nervenbahnen bereit sind, in Aktion zu treten. Eine zentrale Rolle spielt dabei das dopaminerge System.

Haben wir ein großes Interesse daran, uns etwas zu merken, wie z. B. Straße und Hausnummer unseres heißen Flirts, steigt die Motivation, die Adresse in unserem Gedächtnis zu behalten. Im Zuge dessen wird eine große Menge an Dopamin ausgeschüttet. Es wird nun von den bereitstehenden Rezeptoren aufgenommen, die wiederum weitere Prozesse aktivieren. Dieses Hormon, oft auch als Glücks- oder Belohnungshormon bezeichnet, sorgt dafür, Gedächtnisinhalte dauerhaft und zuverlässig abzuspeichern, ohne uns dabei groß anstrengen zu müssen. Neben dem Dopamin kommt auch dem Serotonin eine wichtige Rolle für die Ausbildung neuer Gedächtnispfade zu. Der Nobelpreisträger Eric Kandel fand heraus, dass wir die Hilfe von Serotonin brauchen, um die Daten vom Kurzzeit- ins Langzeitgedächtnis zu übertragen.

Wird Serotonin ausgeschüttet, regt es das Wachstum von Axonen an. Es entstehen neue neuronale Verknüpfungen, und bereits bestehende Verknüpfungen werden durch zusätzliche Verbindungen und Kontaktstellen ausgebaut. Herr Kandel konnte beweisen, dass die Zahl der Verknüpfungen ausschlaggebend für die Abspeicherung im Langzeitgedächtnis ist.

Fazit: Ohne Stress und Glückshormone könnten wir nichts lernen. Lernen findet mit Aktivierung des noradrenergen, dopaminergen und serotonergen Systems statt. Eine häufige und vielseitige Aktivierung fördert die Verankerung und Bahnung von Gedächtnisinhalten und Reaktionsweisen. Es sorgt dafür, dass wir unser Gehirn komplex strukturieren und effektiv nutzen. Es ermöglicht uns dadurch Anpassungsprozesse, die ohne diese Mechanismen nicht möglich wären. Gleichzeitig wird die Gefahr, in unkontrollierte Stressreaktionen zu geraten, minimiert. Hätten wir nicht diese geniale Ausstattung, wäre es uns ergangen wie den Dinosauriern. Wir wären ohne geeignete Anpassungsmöglichkeiten, die uns das Lernen ermöglicht, an den Veränderungen der Welt mit ihren komplexen Anforderungen gescheitert.

Aber wie langweilig wäre die Welt, wenn unser Leben immer gleich verliefe und wir ohne Herausforderungen tagein, tagaus im gleichen Trott marschieren würden.

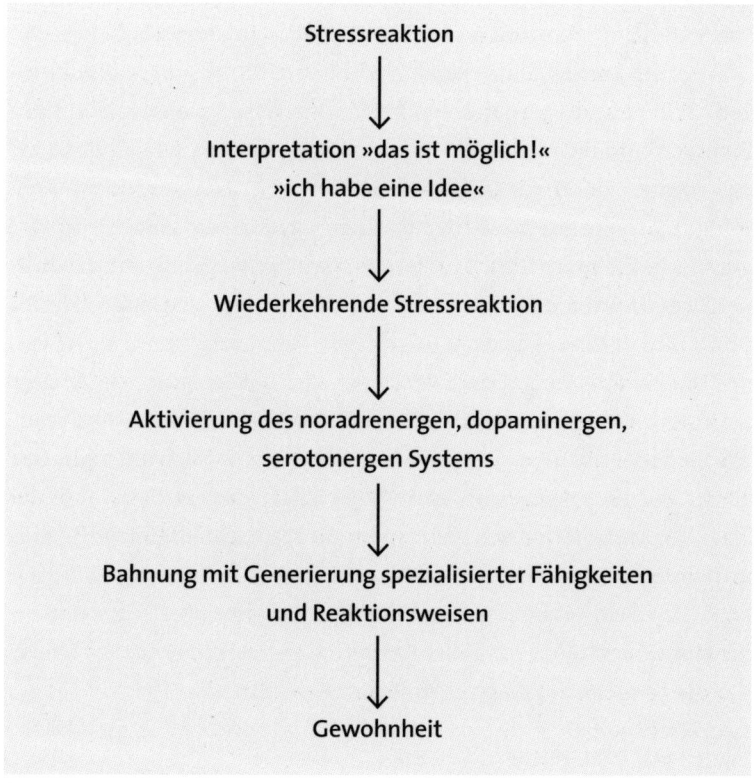

Vom Erfolg zur Erschöpfung

Erfolg verführt zur Einseitigkeit

Insbesondere Erfolg macht uns einseitig. Er verführt uns dazu, immer auf das gleiche Pferd, das doch so gut im Rennen liegt, zu setzen und immer die gleichen erfolgreichen Pfade entlangzugaloppieren. Dann erhöht sich die Schnelligkeit auf den inzwischen breit ausgebauten neuronalen Pfaden und Vernetzungen, die mit ständiger Nutzung zu breiten Datenautobahnen werden. Immer leichter gelingt es, dieses Wissen und angeeignetes Können abzurufen. In unserem Gehirn entstehen breite neuronale Bahnen mit vielen Verschaltungen. Unbrauchbares wird zurückgebaut und gerät schließlich in Vergessenheit.

Aber es passiert, dass die Umweltbedingungen und Anforderungen sich verändern und die schnellen breiten Straßen nicht mehr taugen. Dann müssen neue Wege gefunden werden. Das machen wir nur ungern, denn wir befahren viel lieber unsere bewährten, breiten gut ausgebauten Gedankenbahnen, als uns auf neue kleine ungewohnte Pfade im unbekannten Dickicht zu wagen. Dann arbeiten wir lieber härter und beschleunigen das Tempo. Vergessen Familie und Freunde und wundern uns, wenn wir zusammenklappen und die Nerven uns den Dienst versagen. Viel besser ist es, die breiten neuronalen Wege hinsichtlich ihrer Tauglichkeit kritisch zu prüfen, alte Gedankenbahnen rechtzeitig zu verlassen und sich auf neue, nun besser geeignete Wege zu wagen. Das entspricht dem Update für das Navi, die Mühe lohnt sich. Wir laufen nicht so schnell Gefahr, in eine unkontrollierte Stressreaktion zu geraten, sondern es gelingen viele kontrollierte Stressreaktionen mit vielen Belohnungen seitens unseres Hormonsystems. Was aber passiert, wenn wir es versäumt haben, das dringend notwendige Update durchzuführen?

Wenn wir an Grenzen stoßen

Nachdem wir nun wissen, dass wir auch von unserer Natur her so angelegt sind, Herausforderungen gerne anzunehmen und über unsere

Grenzen zu gehen, wollen wir im nächsten Schritt verstehen, wie es passieren kann, dass wir irgendwann keine Lust mehr darauf haben und welche Abläufe dabei in unserem Körper stattfinden.

Manchmal, wie das Schicksal es will, gelingt es uns nicht, Herausforderungen erfolgreich zu meistern. Wir scheitern an unseren selbst gesteckten, manchmal unrealistischen Zielen oder werden mürbe angesichts der Dauer, Intensität und Aussichtslosigkeit der an uns gerichteten Erwartungen. Nichts scheint aus unserem Erfahrungsschatz zu taugen, aus welchem Grund auch immer. Dann stellen wir uns gerne mal selbst infrage, vergleichen uns und kommen nach gründlicher Abwägung zu dem Schluss: Wir haben versagt. Andere scheinen aufgrund höherer Intelligenz und jüngeren Alters, oder andersherum wegen des höheren Alters und mehr Erfahrung, klar im Vorteil zu sein.

Unsere Gedankenbahnen verändern sich

Unser Gehirn befindet sich als Anpassungsprofi in einem ständigen Umbau. Bleiben Erfolge und positive Erfahrungen aus, begehen wir oft negative Gedankenpfade, passt sich unser Gehirn den neuen Umständen an. Die positiven breiten Gedankenstraßen werden weniger benutzt und zurückgebaut, während die Gedankenpfade des Selbstzweifels und negativer Gedanken gründlich saniert und ausgebaut werden. Mit zunehmender Nutzung gewinnen sie an Breite und Komfort. Mit der Grübelei werden negative Ereignisse aus der Vergangenheit ausgegraben und erinnert. Bereits vergessen geglaubte Erinnerungen mit negativen Gefühlen werden wieder entdeckt und erfahren eine Neuauflage. Insgesamt gewinnen nun negative Gedankenstraßen an Wichtigkeit, bekommen in unserem Gehirn neue Anschlussstellen und werden gut miteinander vernetzt. Nun aktivieren sich schnell negative Gedanken und wie auch die damit einhergehenden Gefühle. Kurzum: Man fühlt sich richtig schlecht.

Körperliche Reaktionen verändern sich

Wie bereits beschrieben, bleibt unser Körper immer dann auf hohem Stressniveau, wenn keine Lösung in Sicht ist. Insbesondere dann, wenn alles aussichtslos erscheint, gibt es keine Entwarnung. Mit dem Dauerstress entsteht die chronische Stressreaktion, die uns sprichwörtlich krank machen kann. Unser Körper unterscheidet nicht, ob wir uns monatelang im Busch vor einer mordenden Meute verstecken müssen oder ob wir vom Chef mit zu viel Arbeit ohne Aussicht auf erfolgreiche Erledigung zugedeckt werden. Die Reaktion ist die gleiche, wir erhöhen unsere Aufmerksamkeit, geben Gas, geben unser Bestes und gehen dabei über unsere Grenzen.

Ohne Erfolg bleibt jedoch die notwendige Dopaminausschüttung aus. Sie wäre dafür zuständig, nun alle Kräfte zu mobilisieren und unsere Kreativität, Konzentration und Merkfähigkeit zu steigern. Verlassen uns aber die Glückshormone, so verlieren wir an Energie und der Selbstwert sinkt.

Dies kann uns im beruflichen wie auch im privaten Bereich passieren. Im beruflichen Bereich sind es meist der hohe Zeitdruck, fehlende Wertschätzung und eine nicht mehr bewältigbare Aufgabenfülle. Im privaten Bereich sind es schwierige familiäre Beziehungen, Trennungen oder die Pflege von Angehörigen, die zu chronischem unkontrollierbaren Stress führen.

Das Problem: Die chronische Stressreaktion

Befinden wir uns im Dauerstress, stellt unser Körper ständig alles bereit, was wir eigentlich zum Kampf gegen Naturgewalten oder beim Angriff von bösen Tieren benötigen. Das Großhirn, zuständig für unser kognitives Denken, gibt nun an das Stammhirn mit seinen Überlebensfunktionen ab. Schematische Entscheidungsmuster, Schnelligkeit und eine erhöhte Entscheidungsbereitschaft führen leider zu einer höheren Fehlerquote als gewohnt. Unsere Muskeln werden hervorragend mit Blut und Sauerstoff versorgt. Um dies zu gewährleisten, erhöhen sich Puls und Blutdruck. Zudem wird unser Blut eingedickt, und Eiweiße sind bereit, die Blutgerinnung für einen schnellen Wundverschluss sicherzustellen.

Gesundheitliche Risiken

Die Bereitstellung für Flucht und Kampf belastet auf Dauer unseren Körper, und die gesundheitlichen Risiken steigen erheblich. Mit dem erhöhten Druck, der das Blut durch unsere Adern pumpt, verschleißen unsere Blutgefäße. Damit steigt die Gefahr von Thrombosen, Schlaganfall oder Herzinfarkt beträchtlich. Mit der kontinuierlich hohen Cortisolausschüttung, die mit der chronischen Stressreaktion einhergeht, heilen Wunden schlechter und wir sind anfälliger für Infektionskrankheiten. Dies wurde in zahlreichen Studien belegt. So wurden Zahnmedizinstudenten während des Examens kleine Wunden zugefügt. Diese waren im Schnitt erst nach elf Tagen verheilt, während die gleiche Wunde in acht Tagen verheilte, wurde sie in den Semesterferien zugefügt[5]. Dauerhaft Stressgeplagte haben ein fünffach erhöhtes Risiko, sich eine Erkältung einzufangen. Diese lästigen Zipperlein sind aber leider noch lange nicht das Ende der negativen Auswirkungen auf unsere Gesundheit.

> **SEIT LÄNGERER ZEIT**
> wird ein Zusammenhang von chronischem Stress als Auslöser von Krebserkrankungen diskutiert. Man vermutet, dass der Körper nicht mehr in der Lage ist, notwendige Reparaturarbeiten, wie z. B. das Ausmerzen von Krebszellen, zu erledigen. So erhöht sich bei Extremstress und geringer sozialer Unterstützung die Brustkrebsinsidenz um das Neunfache[6]. Die negativen Auswirkungen von chronischem Stress auf Körper und Psyche belegen Studien mit Angehörigen von Alzheimererkrankten, die ihre Lieben zu Hause pflegen. Grund hierfür sind die ständige Sorge, Einsatz- und Aufopferungsbereitschaft verbunden mit unruhigen Nächten, die die Angehörigen im Interesse des kranken, geliebten Menschen über die eigenen Grenzen gehen lassen. In Studien konnte belegt werden, dass

die dauerhaft hohen Anforderungen auch unsere Psyche in Mitleidenschaft ziehen. Infolge derer entwickeln bis zu 81 Prozent depressive Störungen. Im Mittel erkranken betreuende Pflegepersonen zwei- bis dreimal so häufig wie Personen gleichen Alters einer Kontrollgruppe, die keine Person pflegt oder betreut. Krankheit, ein schlechtes Immunsystem und eine damit einhergehende Müdigkeit, Antriebs- und Energielosigkeit sind die Folge[7].

Andere Unannehmlichkeiten

Mit andauernder Stressreaktion sorgt das zu viel ausgeschüttete Cortisol nicht nur für die gefürchteten Herzerkrankungen. Auch wenig Lust auf Sex und eine schlechte Zeugungsfähigkeit gehen auf das Konto dauerhaft hoher Cortisolwerte. Zu allem Überfluss werden noch Muskeln abgebaut, dafür aber mehr Speck aufgebaut. Um genug Energie zu generieren, werden Eiweiße aus den Muskeln in Glukose umgewandelt und zunächst auch Speck abgebaut. Werden aber bei psychischem Stress die freigesetzten Fettsäuren im Blut nicht benötigt, werden sie in das Bauchfett wieder eingeschleust. Nicht selten ist der Stress den Menschen auch ins Gesicht geschrieben. Zu viel Cortisol beschert uns schlechte Haut und Pickel. Es baut schützende Eiweißstoffe ab, die Haut wird anfälliger für Entzündungen.

★ **Quickwin:** Achtung Kaffee! Kaffee erhöht die Cortisolmenge. Bei einer täglichen Menge von einem ¾ Liter Kaffee wurden Probanden in einer Studie unter Stress gesetzt. Das Resultat der Kaffeegruppe ergab eine erhöhte Cortisolkonzentration. Die Placebogruppe zeigte keine Erhöhung.

Das Gehirn befindet sich in ständiger Alarmbereitschaft

Auch unser Denkorgan wird bei zu viel Stress in Mitleidenschaft gezogen. Schalten wir nicht ab, arbeiten unter erhöhtem Zeitdruck, ist unser Angstzentrum in Alarmbereitschaft. Dieses sitzt im Gehirn und heißt Amygdala oder Mandelkern. Es filtert und bewertet alle eingehenden Informationen und entscheidet, ob eine Situation ungefährlich ist oder doch mehr Aufmerksamkeit als gewohnt erfordert. Dann gibt die Amygdala entsprechende Befehle an das Stammhirn und den Hypothalamus weiter, mit denen es in enger Verbindung steht. Wird sie häufig aktiviert oder von Außenreizen »bombardiert«, passt sie sich an, wird größer und leistungsfähiger. Dann kann es passieren, dass sie »hyperaktiv« wird und überall Gefahr wittert. Ein Teufelskreis beginnt. Die Stressreaktion verselbstständigt sich und will sich nicht mehr abschalten lassen. Wir fühlen uns rastlos und gehetzt.

Kognitives Denken und Gedächtnis stellen ihre Dienste ein

Ist unsere Amygdala zu aktiv, funktioniert auch unser Hippocampus nicht mehr wie gewohnt. Er ist zuständig für das Erinnern und für die Weiterleitung vom Kurzzeit- ins Langzeitgedächtnis. Unter zu langer und hoher Cortisoleinwirkung sterben seine Zellen ab, er schrumpft und kann seine Arbeit nicht mehr ordentlich erledigen. Dies zeigt sich mit Aufmerksamkeitsstörungen, Konzentrationsmangel und geringerer Merkfähigkeit. Auch die Weiterverarbeitung der Informationen in den höheren kortikalen Zentren, wie dem präfrontalen Kortex, ist nun gestört. Dieser könnte auf Basis von Erfahrungen bereits vorhandene Handlungs- und Lösungsmöglichkeiten bereitstellen oder kreativ auf Lösungssuche gehen und die Stressreaktion wieder herunterregeln. Da er dies aber nicht mehr ordentlich kann, bleiben Entspannung, Wohlbefinden und auch Erfolge aus, wir können nicht mehr ausreichend regenerieren. Dies führt wiederum dazu, dass wir ständig auf Hochtouren arbeiten und notwendige körperliche Wartungsarbeiten nicht erledigt werden. Verschleißerscheinungen machen sich bemerkbar, und irgendwann werden wir schließlich müde. Ein Zustand ständiger Erschöpfung macht sich breit, wir finden uns im Burnout wieder.

Nun meidet man alles, was vermeintlich Stress macht. Eine wirklich »objektive« Bewertung will aufgrund der verminderten Leistung des Hippocampus ja nicht mehr gelingen. Je mehr wir Anforderungen jedoch aus dem Weg gehen, umso weniger Erfolgserlebnisse stellen sich ein. Viele sprechen von einer Abwärtsspirale, die sich kaum noch stoppen lässt.

Neuorganisation als Ausweg aus dem Burnout

Die gute Nachricht kommt nun aus dem neurowissenschaftlichen Bereich. Professor Gerald Hüther spricht von einer Auflösung und Reorganisation neuronaler Verschaltungen. Wenn das Gehirn zu lange heiß läuft und nichts Brauchbares in seinem bisherigen Erfahrungsschatz finden kann, lösen sich neuronale Verschaltungen einfach auf und neue bilden sich. Wie die Sicherheitsstufen eines Atomkraftwerks. Ist es heiß gelaufen und der Gau steht bevor, werden vorher besser alle Systeme abgeschaltet und dann wieder hochgefahren. Für unser Gehirn bedeutet das ein Zurück auf null und einen Neubeginn mit daraus resultierenden anderen brauchbareren neuen Sichtweisen und Einstellungen.

Stress generell zu verteufeln wäre voreilig. Die kontrollierte Stressreaktion, die gleichzeitig als Herausforderung erlebt wird, macht Lernen möglich, motiviert, macht glücklich und baut der unkontrollierten Stressreaktion vor. Geraten wir dauerhaft in Stress, schadet uns das. Geraten wir in unkontrollierbare Stressreaktionen, schalten wir um auf die Stammhirnfunktionen, die uns bei den heutigen Anforderungen wenig hilfreich sind. Die damit einhergehende Stresshormonausschüttung hat aber erhebliche Auswirkungen auf unsere körperliche wie psychische Gesundheit, die zum Burnout führen kann.

Stressreaktion

Interpretation »das ist nicht möglich!«

»ich weiß nicht wie«

Unkontrollierbare und wiederkehrende Stressreaktion

→ Aktivierung des noradrenergen Systems mit andauernder
Cortisolausschüttung

→ Aktivierung des Angstzentrums mit Funktionseinbußen des
Hippocampus und Informationsweiterverarbeitung der höheren
cortikalen Zentren

→ Bahnung mit Generierung von negativen Sichtweisen

Gesundheitliche Einschränkungen auf körperlicher und geistiger Ebene

Ohnmacht

Auflösung und Reorganisation

WIE GESUNDHEITSFÖRDERLICH

oder hinderlich Stress wirken kann, zeigt ein in den frühen 1980er-
Jahren durchgeführter Versuch von Seligman mit Krebszellen geimpften
Ratten mit unterschiedlichen Auswirkungen der zwei Stressreaktionen.
Er konfrontierte die Tiere mit gleichen Stressauslösern. Dabei hatten
die Gruppen unterschiedliche Reaktionsmöglichkeiten als Antwort. Die
Kontrollgruppe hatte eine Überlebensrate von 54 Prozent. Wurden den
Ratten als Stressauslöser leichte Elektroschocks ohne Reaktionsmöglich-
keit zugefügt, sank die Überlebensrate dramatisch. Im gleichen Zeitraum
überlebten nur 23 Prozent der krebskranken Tiere. Die gleichen Elektroschocks wurden einer dritten Gruppe von Tieren zugefügt. Diese hatten
die Möglichkeit, die Elektroschocks mit einem Hebel abzustellen. Das
Ergebnis ist überraschend. Die Überlebensrate stieg auf 63 Prozent!

Das Ende der Gemütlichkeit, Teil 2

Reflektieren wir nun noch einige wesentliche Aspekte der beispielhaften Biergartengeschichte.

Erst einmal können wir festhalten, dass in dem Beispiel niemand bösen Willens war. Jeder hat sein Bestes gegeben, und trotzdem ging es schief. Sowohl für Lisa als auch für den Chef entstanden anfangs Vorteile. Lisa genoss zunächst Lob und Anerkennung des Chefs, weil sie die Mehrarbeit bereitwillig übernahm. Das stärkte ihr Selbstbewusstsein, sie erlebte sich als wichtig, wertvoll und kompetent. Es gab ihr ein gutes Gefühl, dass sie dem Chef mit ihrem Engagement aus der Patsche helfen konnte. Der Chef konnte den Betrieb unverändert weiterlaufen lassen. Zudem kündigte eine Mitarbeiterin, mit deren Leistung er bereits früher nicht wirklich zufrieden gewesen war.

Vor allem entstanden beiden auf Dauer jedoch Nachteile. Lisa erschöpfte zunehmend und entwickelte sich in den Augen des Chefs von einer High Performerin zu einer Low Performerin. Aus begeisterten Stammkunden, die gerne wiederkamen und in ihrem Umfeld den Biergarten in höchsten Tönen lobten und weiterempfahlen, wurden unzufriedene, enttäuschte Gäste. Der Betrieb hat nachhaltig großen Schaden genommen. Um den entstandenen Imageverlust wieder wettzumachen, wird es großer Anstrengungen, hoher Investitionen und einiger Zeit bedürfen.

Nicht nur in dieser Geschichte, sondern allgemein gilt, dass ein Burnout beim Mitarbeiter entsteht, während alle Beteiligten aus einer guten Absicht heraus handeln.

Die Mitarbeiterin gibt jeden Tag ihr Bestes

Die Mitarbeiterin bemerkt nicht, wie sich auf Dauer ihre Leistungsfähigkeit verringert. Sie hat das Gefühl, dass sie eine Anerkennung für ihre Anstrengungen verdient hätte. Sie ahnt nicht, dass der Chef eine gewisse Unzufriedenheit mit der beobachteten Leistung entwickelt hat. Er vermisst Qualitätsbewusstsein, Innovationskraft und Kreativität bei seiner Mitarbeiterin. Sowohl eine Gehaltserhöhung als auch eine Beförderung wären aus seiner Sicht zum jetzigen Zeitpunkt vollkommen unangemessen.

Selbstbild   *Fremdbild*

Selbst- und Fremdbild der Mitarbeiterin gehen auseinander

Drei Skurrilitäten sind wesentlich für diese Thematik:

   a. Durch sein wohlgemeintes Überengagement wird der Mitarbeiter zum Risikofaktor für das Funktionieren des Teams.

   b. Während der Mitarbeiter alles tut, um seinen Job zu erhalten, riskiert er genau damit seinen Job.

   c. Ein Chef erklärt sich einen Leistungseinbruch immer mit privaten und persönlichen Problemen.

Sind wir Opfer oder Gestalter?

Wie könnte es anders gehen? Wer hält den Schlüssel zur Veränderung in Händen? Grundsätzlich jeder der Beteiligten. Viele Mitarbeiter erwarten in solchen schwierigen Situationen eine Unterstützung von ihrem Chef. Die wäre natürlich auch wichtig und richtig. Nur häufig kommt aus dieser Richtung keine Hilfestellung. Das hat verschiedene Gründe. Einmal erleben die meisten Frontmanager selbst eine ähnliche Situation wie die Mitarbeiter. Auf ihren Schultern lastet viel zu viel Arbeit, die sie nicht bewältigen können. Aufgrund einer zunehmenden Konzentration der Entscheidungsgewalt ins Top-Management der Zentralen fühlen sie sich vor Ort häufig »entmachtet«, hilflos und ohnmächtig deren Vorgaben ausgeliefert. Sie sind sich ihrer Verantwortung gegenüber der Firma und der Mitarbeiterschaft bewusst. Wissen, dass es um die langfristige Erhaltung des Standortes und um die Sicherung der Arbeitsplätze geht. Mit hoher Motivation und Leistungsbereitschaft versuchen sie ihre »mission impossible« mit ihrem Team erfolgreich zu bewältigen. Sie sind damit Vorbild für ihre Mitarbeiter. Wie könnten sie diesen mit ihrer eigenen Überforderung in diesen Belangen hilfreich und dienlich sein? Bedeutet das dann, dass Mitarbeiter ihrer Arbeitssituation ebenfalls hilflos ausgeliefert sind? Nein, sicher nicht. Betrachten wir den typischen Weg von der positiven Herausforderung bis hin zum Burnout, so zeigen sich schnell unsere eigenen Anteile am Geschehen, die wir beeinflussen und verändern können. Wir leiten daraus die Erfolgskriterien für eine zuverlässige Burnout-Prävention ab. Anschließend werden wir konkret anhand von Lisas Geschichte aufzeigen, wann sie aus dem Hamsterrad aussteigen hätte können bzw. müssen und anders hätte handeln sollen.

In vier Etappen in den Burnout

Um aufzuzeigen, wie wir energetisch auf die schiefe Bahn geraten, nutzen wir das Bild einer Bergwanderung. Der Wanderweg entspricht dem normalen Arbeitsalltag mit seinen Höhen und Tiefen. Kommt eine besondere Herausforderung auf uns zu, die wir mit dem üblichen Kräfteeinsatz nicht bewältigen können, suchen wir nach einer Art Abkürzung. Wir wollen mehr in kürzerer Zeit erledigen und sind bereit, dafür eine höhere Anstrengung in Kauf zu nehmen. Wie wir es aus der Bergwelt kennen, weiß man bei einer Abkürzung vorher nie, worauf man sich wirklich einlässt. Sie verbirgt ungewisse Schwierigkeitsgrade, verspricht aber im Gegenzug mehr Effizienz durch mehr Anstrengung. Und manchmal geraten wir in gefährliche Situationen. Wir stecken dann in der Klemme. Wir kommen nicht mehr vorwärts, aber der Weg zurück ist auch keine attraktive Lösung. Mit den folgenden vier Phasen beschreiben wir typische Verhaltensweisen, an deren Ende ein krankhafter Erschöpfungszustand des Mitarbeiters steht.

Phase 1: Entschlossenheit

Entschlossen geht die Mitarbeiterin an die neue Herausforderung heran

Motivierte Mitarbeiter nehmen neue Herausforderungen gerne an. Sie wissen, dass sie daran wachsen und sich weiterentwickeln können. Sie krempeln bei Bedarf bildlich gesprochen die Ärmel hoch und gehen mit Zuversicht entschlossen an die Arbeit. Unzählige Male haben sie in der Vergangenheit besondere Aufgaben aufgrund ihrer Kompetenz und Leistungsbereitschaft erfolgreich erledigt. Die Anstrengung hat sich für sie stets gelohnt. Der Erfolg stärkte ihr Ansehen beim Chef und im Kollegenkreis sowie ihren eigenen Selbstwert. Unhinterfragt gehen sie davon aus, dass es auch dieses Mal darum geht, einen kurzfristigen Ausnahmezustand zu überwinden, und dass sie diesen mit besonderer Anstrengung erfolgreich bewältigen werden. Im ersten Schritt legen sie einen Gang zu und erhöhen ihre Geschwindigkeit. Sie verzichten auf kleinere Annehmlichkeiten, wie den Smalltalk in der Kaffeeküche, das Treffen mit Kollegen zum Mittagessen, sie versuchen Ablenkungen zu vermeiden und konzentrieren sich verstärkt auf ihre Aufgaben. Merken sie, dass diese ersten Maßnahmen nicht ausreichen, um der Anforderung zu entsprechen, legen sie noch einen Zahn zu. Sie kommen früher, bleiben länger, lassen Pausen ausfallen, essen neben der Arbeit. Sie streben nach dem erleichternden Gefühl, alles erledigt zu haben, um endlich mal wieder abschalten und sich zurücklehnen zu können. Aufgrund ihrer hohen Leistungsbereitschaft und mit der Annahme, dass es doch irgendwie zu schaffen sein muss, nehmen sie Arbeit mit nach Hause und setzen sich abends und am Wochenende daran.

In dieser Zeit leidet das Privatleben. Familie, Freunde, Sport und Hobbys werden »übergangsweise« hintangestellt. Vom Umfeld wird dafür Verständnis und Unterstützung erwartet. Termine werden abgesagt oder verschoben, Aufgaben und Erledigungen bleiben liegen oder werden von Familie und Co. übernommen.

Die Mitarbeiterin verliert zunehmend Gelassenheit

An die längeren Arbeitszeiten und kürzeren Pausen hat sich der Mitarbeiter inzwischen gewöhnt. Arbeit gedanklich oder tatsächlich mit nach Hause zu nehmen ist zur Normalität geworden. Langsam wächst ihnen die Arbeitsmenge und Komplexität immer öfter über den Kopf und sie verlieren den Überblick. Weil ihnen der Kopf schwirrt, wissen sie nicht mehr, wo sie zuerst hinlangen sollen. Sie geben ihr Bestes, doch es passieren immer häufiger Fehler. Sie übersehen wichtige Details, vergessen einen Kollegen zu informieren, beantworten Mails nicht rechtzeitig. Das Umfeld reagiert fordernd und kritisch. In langen Ausführungen erklärt der Mitarbeiter seine Not, rechtfertigt seine Versäumnisse und hofft auf Verständnis durch sein Umfeld. Stattdessen wird er zunehmend als überfordert und unzuverlässig wahrgenommen. Er hat nun ein Problem. Er schätzt noch einmal neu den Endpunkt dieser Überlastungssituation ab, stellt seine persönlichen Belange bis dahin zurück und arbeitet hoffnungsvoll auf den Wendepunkt zu, an dem er sein Ziel erreicht haben wird, seinen Erfolg feiern kann und endlich wieder einen Gang runterschalten wird.

Bei Familie und Freunden macht sich Unzufriedenheit breit. Sie fühlen sich vernachlässigt. Immer häufiger kritisieren sie die Aufopferungsbereitschaft für die Firma und fordern mehr gemeinsame Zeit. Gerne spielt man nun die Kritikpunkte herunter, bagatellisiert, fühlt sich gleichzeitig unverstanden und angegriffen. Es kommt zu Streit. Schließlich wird versprochen, dass der Zustand nicht mehr lange dauern wird, es könne sich nur noch maximal um ein paar Wochen handeln. Das Tempo wird noch einmal erhöht, um endlich wieder in die gewohnten Bahnen zurückzukommen. Ein schlechtes Gewissen stellt sich ein.

Phase 3: Erschöpfung

Der Ausnahmezustand dauert inzwischen deutlich länger als ursprünglich angenommen. Mit der Zeit realisiert der Mitarbeiter, dass er die Herausforderung auch mit größtem Einsatz nicht in der angestrebten Quantität, Qualität oder Zeit zufriedenstellend erledigen kann. Er fühlt sich ausgepowert und kraftlos. Die Arbeit wird ihm zunehmend zur Last und macht nicht mehr so viel Freude. Einerseits ärgert er sich über den Chef, der ihm Zusatzarbeit zumutet. Er zeigt ihm seine Not auf, jammert und klagt. Der Chef kann die konkrete Sachlage, die sich hinter diesen emotionalen Aussagen versteckt, nicht erkennen. Er möchte den Mitarbeiter motivieren. Er zeigt Verständnis für seine angespannte Lage. Er bestätigt noch einmal, wie unendlich wichtig die Aufgabe ist, dass sie oberste Priorität hat, und bittet ihn, die Extrameile für die Firma zu gehen. Der Mitarbeiter fühlt sich mit seinem Problem nicht ernst genommen und allein gelassen. Andererseits melden sich leise Selbstzweifel in ihm. Kann es sein, dass er mit den aktuellen Anforderungen in der Arbeitswelt nicht mehr mithalten kann? Ist er zu jung und unerfahren bzw. zu alt und unflexibel? Er betrachtet seine Kollegen, staunt über deren Elan und Leistungsfähigkeit und fragt sich, woher diese ihre Kraft nehmen. Ein Scheitern würde er als persönliches Versagen empfinden, das möchte er auf jeden Fall verhindern. Mit Durchhalteparolen treibt er sich selbst an. Er denkt bei sich, dass es wie bei einem Marathonlauf darum geht, Schwächephasen zu überwinden, die Zähne zusammenzubeißen und sich unermüdlich Richtung Ziel voranzutreiben. Er kennt sich als Gewinnertyp und will auch aus dieser Sache als Gewinner hervorgehen.

Auf Dauer geht der Mitarbeiterin die Puste aus

In Privatgesprächen wird immer wieder der Frust im Freundeskreis und in der Familie abgeladen. Die angebotenen Ratschläge werden als unrealistisch abgelehnt. Das führt zu einem Rückzug auf beiden Seiten. Als Elternteil sind sie, endlich von der Arbeit nach Haus gekommen, nicht wirklich brauchbar. Gestresst suchen sie nach Ruhe. Das ist schwierig, da jetzt jedes familiäre Anliegen als zusätzliche Last empfunden wird. Was früher Spaß gemacht hat, ist nun nur noch ein lästiger Zeiträuber und Belastung. Streit mit Partner und Kindern häufen sich, alle leiden unter der Mehrbelastung, vor allem der Partner, der das Familienleben nun allein organisieren muss. Man geht der ständigen Kritik aus dem Weg, bleibt länger in der Arbeit oder zieht sich zu Hause zurück.

Phase 4: In der Klemme stecken

Die Mitarbeiterin sieht keinen Ausweg mehr

Irgendwann merkt der Mitarbeiter, dass er am Ende seiner Kräfte angelangt ist. Inzwischen kostet es ihn enorm viel Anstrengung, den Arbeitsalltag zu bewältigen. Er kämpft gegen seine Energielosigkeit und Unlust. Er hat den Überblick verloren und bemüht sich darum, dies vor seinem Umfeld zu verbergen. Er ist vorwiegend damit beschäftigt, Brandherde zu löschen statt systematisch vorwärtszukommen. Nun steckt er in einer Zwickmühle. Einerseits sieht er sich nicht mehr in der Lage, weiter zu funktionieren. Er spürt, dass er eine Auszeit braucht und sich dringend um seine Gesundheit kümmern muss. Andererseits weiß er, dass er für das Unternehmen im Augenblick unentbehrlich ist, sein Ausfall großen Schaden anrichten würde und alle bisherigen Anstrengungen umsonst gewesen wären. In aller Regel hängt zu diesem Zeitpunkt der Erfolg der Arbeit vollkommen von ihm ab. Er ist quasi unersetzlich geworden. Endtermine stehen vor der Tür. Aufgaben, die kurzfristig von keinem anderen im Team übernommen werden können, müssen erledigt und unternehmenskritische Situationen bewältigt werden. Der Mitarbeiter steckt in der Klemme. Mit dem Mut der Verzweiflung überwindet er sein Schamgefühl und zeigt dem Chef seine Grenzen – häufig unter Tränen – erstmals deutlich auf. Zum ersten Mal wird das Problem in seiner Dringlichkeit dargestellt und kommt beim Chef an. Er erkennt nun den Handlungsbedarf und bietet konkrete Hilfestellungen an. Doch dafür ist es jetzt zu spät. Während seine Ansätze zu einem früheren Zeitpunkt durchaus hilfreich gewesen wären, ist die Kraftlosigkeit beim Mitarbeiter bereits so weit fortgeschritten, dass ihm jegliche Energie fehlt, neue Impulse aufzugreifen und umzusetzen. Eine kurzfristige Unterstützung durch Kollegen oder Aushilfskräfte ist nicht möglich, denn sie erfordert stets zunächst Mehrarbeit durch Einarbeitung und Anleitung. Der Mitarbeiter wirkt auf ihn überfordert und wenig kooperativ. Nicht nur der Mitarbeiter, sondern auch der Chef steckt nun in der Klemme.

Im Privaten ist der gestresste Partner, Vater oder Mutter, nun nicht mehr zu gebrauchen. Hat der Gestresste sich anfangs aus dem Familienleben ausgeklinkt und weniger Aufgaben übernommen, so fällt er oder sie nun zur Last. Freunde machen sich zunehmend Sorgen. Da der Kontakt zu ihnen gemieden wird, wissen sie nicht, was zu tun ist, und stellen den Kontakt sukzessive ein. In der Familie kommt der Partner nun an seine Grenzen und denkt immer öfter an Trennung.

Richtungswechsel: Früher ist besser als später!

Ist der Mitarbeiter erst einmal in der Phase 4 angekommen, haben sowohl er als auch sein Chef und damit das Unternehmen ein massives Problem. Konnte man früher einen Mitarbeiter, der erschöpft an der Maschine zusammengebrochen war, problemlos durch einen anderen ersetzen, so sind Mitarbeiter heute wertvolle Wissens- und Kompetenzträger, die nicht beliebig austauschbar sind. In Phase 4 bleibt keine Zeit mehr für einen sinnvollen Richtungswechsel, die Situation ist nicht mehr steuerbar und läuft mit hoher Geschwindigkeit auf eine Wand zu. Schaden lässt sich meist nur noch begrenzen, aber nicht mehr ganz abwenden. Der Mitarbeiter hat keinen Überblick und keine Kraftreserven mehr, um sich mit einem langen Atem systematisch aus dem »Arbeitssumpf« zu befreien. Der Chef steht mit dem Rücken zur Wand. Jede Änderung im geplanten Ablauf hat sichtbare und spürbare Konsequenzen, an denen der Firma ein finanzieller Schaden oder Imageverlust entsteht. Wirkungsvolle Maßnahmen können nicht mehr rechtzeitig eingeleitet werden. Es bleibt nur noch die Wahlmöglichkeit, wer Schaden nehmen wird. Der Mitarbeiter geht ein hohes gesundheitliches Risiko ein, wenn er alle Warnsignale ignoriert und weiterarbeitet wie zuvor. Zudem macht es wenig Sinn. Seine Leistungsfähigkeit ist zu diesem Zeitpunkt deutlich reduziert, er braucht immer mehr Zeit für immer weniger Leistung und verliert weiter an Ansehen. Sein Image wird nun für alle sichtbar in Mitleidenschaft gezogen. Aufgrund der dargestellten Verführer bemüht sich der angeschlagene Mitarbeiter, weiterhin durch sein Engagement Schaden von der Firma abzuwenden. Das ist gut gemeint, aber nicht klug. Er übersieht, dass der Firma auch durch die Beschädigung seiner Leistungskraft nachhaltiger Schaden entsteht (siehe Kasten). Dieser Verlust wird unterschätzt, weil er sich nicht in messbaren Zahlen sichtbar niederschlägt.

Der Firma entsteht Schaden durch dauerhafte Überlastung

Keine Firma möchte, dass sich seine Mitarbeiter krank arbeiten. Bedenken Sie die Auswirkungen von dauerhafter Überlastung und überschlagen Sie den betriebswirtschaftlichen Schaden, den ein Unternehmen dabei nimmt.

Verminderung von ...	Erhöhung von ...
1. Leistungsfähigkeit	1. Fehlerhäufigkeit
2. Leistungsbereitschaft	2. Doppelarbeiten
3. Effizienz	3. Operative Hektik
4. Betriebsklima	4. Fehlentscheidungen
5. Umsatz	5. Kosten
6. Kundenzufriedenheit	6. Konflikte
7. Wettbewerbsfähigkeit	7. Fluktuation
8. Innovationskraft	8. Krankenstand
9. Kreativität	9. Flurfunk
10. Identifikation mit der Firma	10. Misstrauen
11. Selbstbewusstsein der MA	11. Innere Kündigung
12. Disziplin	12. Erschöpfung/Kraftlosigkeit
13. Firmenimage	13. Verzögerungen/Wartezeiten
14. Bewerbungen neuer MA	14. Überstunden

In dieser Phase gibt es keinen Gewinner mehr. Der Mitarbeiter sollte schnellstmöglich die Reißleine ziehen, die Interessen der Firma hintanstellen und seine Stabilisierung und Genesung an erste Stelle rücken. Er benötigt ärztliche und therapeutische Hilfe und wird längere Zeit im Krankenstand verweilen. Der Chef kann nur noch Maßnahmen zur Schadensbegrenzung einleiten.

Selbstreflexion:
Welche Phasen sind mir bekannt?
Was ist typisch für mich, meinen Chef, meine Firma?
Wo stehe ich aktuell?
Welche Schlüsse ziehe ich daraus?

Vom Geschenkkarton zur alten Schachtel

Wir haben gesehen, wie sich ein engagierter Mitarbeiter langsam und schleichend über die Zeit zu einem ausgepowerten, fahrigen und überforderten wandeln kann. Lassen Sie uns nun die langfristigen Auswirkungen auf seine berufliche Zukunft betrachten.

Seine Chancen am Stellenmarkt verschlechtern sich – sowohl am firmeninternen als auch am externen. Sein angeschlagener, kraftloser Zustand vermindert sein Selbstbewusstsein und seine Lebensenergie. Sich noch einmal in eine andere Aufgabe oder gar in eine neue Firma einzuarbeiten traut er sich nicht mehr zu. Das schränkt seine künftigen Handlungsmöglichkeiten enorm ein. Er fühlt sich von seinem Arbeitgeber abhängig und den Entwicklungen der Firma hilflos ausgeliefert. Wie wir bereits wissen, ist das Gefühl von Ohnmacht und Ausgeliefertsein eines der schwierigsten für uns Menschen. Im Sinne unseres Wohlbefindens gilt es dies entschieden zu vermeiden.

Die »Ware« Schaffenskraft

Um aufzuzeigen, wie wir das tun können, führen wir zur Verdeutlichung einen Hilfsgedanken ein.

Stellen wir uns vor, unsere Schaffenskraft entspräche einem käuflichen Produkt am Arbeitsmarkt. Verpacken wir nun gedanklich unsere Ware »Schaffenskraft« in einer Pappschachtel. Jeder Arbeitnehmer, der sich am Markt mit seiner Arbeitskraft zur Verfügung stellt, besitzt eine solche Schachtel. Und jede Schachtel ist individuell. Die eine ist groß und hellbraun, eine andere ist bunt gemustert wie ein Geschenkkarton und wieder eine andere klein und edel wie ein Schmuckschächtelchen. Mit diesem Produkt erwirtschaften wir unseren Lebensunterhalt. Es umfasst unsere Ausbildung, unser Fachwissen, unsere Methodenkenntnisse, unsere Erfahrungen, unsere Soft Skills, unsere Kreativität und Intuition und unsere Persönlichkeit. Je nach Inhalt und Vermarktungsgeschick generieren wir damit unterschiedliches Einkommen. Unsere Leistungsfähigkeit brauchen wir mindestens bis zum Eintritt in die Rente, also voraussichtlich bis zu unserem 67. Lebensjahr, laut Prognosen eventuell auch länger. Mindestens bis dahin brauchen wir ein gesundes, attraktives und marktfähiges Produkt, wollen wir unseren Unterhalt eigenständig erwirtschaften. Manche legen sogar Wert darauf, auch nach dem Eintritt in den Ruhestand noch ein gepflegtes Produkt zu haben und leistungsfähig zu sein.

Kehren wir zu unserem Symbol, der Papierschachtel, zurück und stellen uns die unterschiedlichsten Schachteln vor. Sie sind in Größe, Form, Farbe und Stabilität verschieden, und bei ganz genauer Betrachtung ist jede einzigartig. Um mithilfe unserer symbolischen Schachtel unser Einkommen zu erwirtschaften, haben wir uns am Arbeitsmarkt umgesehen und überprüft, in welcher Firma, an welchem Arbeitsplatz wir unser Produkt optimal platzieren können. Wir haben Angebote eingeholt, gesichtet und bewertet und haben uns für eine Firma entschieden, die uns das attraktivste Angebot für unser Produkt gemacht hat. Mit der Erwartung, in dieser Firma unser Produkt weiterentwickeln zu können, durch unsere Erfahrungen zunehmend wertvoller für die Firma zu werden und im Laufe der Zeit mehr Geld verdienen zu können, haben wir unseren Arbeitsvertrag freudvoll unterschrieben und mit Freunden gefeiert.

Ein folgenschwerer Fehler

Zu diesem Zeitpunkt passiert in der Regel ein ganz entscheidender Fehler. Mit der Unterzeichnung unseres Arbeitsvertrages legen wir unser Produkt, also unsere Schachtel, vertrauensvoll in die Obhut einer Firma. Das heißt, wir übertragen die Verantwortung für die Produktpflege, für Wartung und Entwicklung auf unseren Arbeitgeber. Das Problem dabei ist, dass ein Arbeitgeber dieser Verantwortung heutzutage unter den aktuellen Marktbedingungen nicht mehr zuverlässig und umfassend gerecht werden kann. Das führt dazu, dass unser wertvolles Produkt schutzlos den Ereignissen im Arbeitsalltag ausgeliefert ist, während wir es unter der Fürsorge unserer Firma oder Führungskraft wähnen. Natürlich hat es einen Hintergrund, warum wir das tun. In der Vergangenheit war es durchaus üblich, dass ein Arbeitgeber sich um das Wohl seiner Mitarbeiter sorgte und die Entwicklung seiner Fähigkeiten und Kompetenzen im Auge behielt und im eigenen Interesse förderte. Der gute Wille ist sicherlich auch heute noch da und findet sich in mancher Hochglanzbroschüre niedergeschrieben. Doch der gute Wille allein reicht nicht aus, um unser Produkt vor Schaden zu bewahren.

Die Grenzen der Fürsorge

In Anbetracht der rasanten globalen Entwicklungen am Markt sind Firmen nicht mehr in der Lage, die Fürsorge und Produktpflege für jeden einzelnen Mitarbeiter stabil zu gewährleisten. Mit dem weltweiten Wettbewerb, internationalen Zusammenschlüssen und Firmenzu- bzw. -verkäufen verschieben sich die Machtverhältnisse. Die Gestaltungsmöglichkeiten und Entscheidungsfreiheit der Führungsmannschaft bis ins Top-Management einzelner Firmenteile sind eingeschränkt. Denn sie müssen sich in das Gesamtsystem einfügen. Die erhöhte Komplexität bedarf veränderter Strukturen und Steuerungsinstrumente, damit das große Ganze funktioniert. Auf Details, wie den einzelnen Mitarbeiter, kann keine Rücksicht genommen werden. Passen wir nicht selbst auf unser Produkt auf, so kann es dabei unbemerkt und von keinem gewollt schnell mal »unter die Räder kommen« und erheblichen Schaden nehmen. Bildlich gesprochen bekommt unsere wertvolle Schachtel zunehmend Dellen und Risse und wird langsam zu einer »alten Schachtel«, die an Attraktivität verliert. Es ist also unbedingt erforderlich, dass wir der Firma unser

Produkt mehr im Sinne einer Leihgabe zur Verfügung stellen, jedoch niemals die Verantwortung für Pflege, Wartung und Weiterentwicklung ganz aus den Händen geben. Es ist und bleibt unser Produkt, und wenn wir es nicht pflegen, hegen und schützen, dann pflegt und hegt und schützt es keiner.

Keine Absicht, nur Wirkung!
Manchmal wirkt es im Arbeitsalltag so auf uns, als wäre es unserem Arbeitgeber egal, was mit unserer Gesundheit, Leistungsfähigkeit und Motivation geschieht. Tatsächlich erwartet er dauerhafte Hochleistung. Sein Ziel ist sicher nicht, diese durch zu hohe Belastung zu gefährden. Doch das richtige Maß der Belastung kennt nur jeder Einzelne für sich selbst. Wie auf den Seiten 105 ff. beschrieben, müssen wir selber unsere optimale Leistungsfähigkeit bestimmen. Vor allem braucht unser Arbeitgeber aktuell und in Zukunft unsere Fähigkeit und Bereitschaft, mit den Anforderungen der Firma mitzuwachsen. Die Wandlungsfähigkeit, die ein Unternehmen im Kontext der Weltwirtschaft zum Überleben braucht, kann nur durch die Mitarbeiterschaft ermöglicht werden. Diese Entwicklungen machen natürlich auch vor den Toren der regionalen und mittelständischen Unternehmen und dem öffentlichen Dienst nicht halt. Wenn auch nicht mit voller Wucht betroffen, können sie sich einer Anpassung an aktuelle Markttrends nicht entziehen. Statt dem Wunsch des Mitarbeiters nach Verlässlichkeit, Stabilität und Klarheit zu entsprechen, fordern die Firmen von ihm Flexibilität, Lernbereitschaft und Frustrationstoleranz. Unterschiedliche Ziele und Erwartungen prallen aufeinander, die zu Missverständnissen und Konflikten zwischen Mitarbeiterschaft und Führungsmannschaft führen. Die gute Absicht wird auf beiden Seiten nicht erkannt. Es entsteht eine völlig falsche Wirkung beim jeweils anderen.

Interessenskonflikte zwischen Unternehmensleitung und Mitarbeitern sind normal

Die Blickwinkel der beiden hierarchischen Extrempositionen im Unternehmen sind deutlich verschieden. Beide Gruppen verfolgen unterschiedliche Ziele und haben spezifische Aufgaben. Es ist nur natürlich und folgerichtig, dass es bei mangelnder Kommunikation zu Spannungen kommt. Interessanterweise berichten junge Führungskräfte, die gerade erst den Wechsel vom Mitarbeiter zur Führungskraft vollzogen haben, erstaunt, wie sich dadurch ihre Sicht verändert. Sie erhalten Zugang zu Informationen, die ihnen als Mitarbeiter nicht zugänglich waren, und können das Handeln an der Spitze deutlich leichter nachvollziehen.

Unser Buch ist darauf ausgerichtet, energieraubende Konflikt- und Krisensituationen zu vermeiden. Wir zeigen im Folgenden auf, an welchen Stellschrauben präventiv vorgesorgt werden kann. Wir konzentrieren uns auf die Handlungsmöglichkeiten des Mitarbeiters. Er sollte vorsichtshalber nicht darauf vertrauen, dass er von seiner Führungskraft rechtzeitig Unterstützung bekommt.

TEIL III
Lösungen umsetzen:
Aktiv und eigenverantwortlich
von Belastungen befreien

Um möglichst viele Ressourcen zu nutzen, beschreiben wir ein ganzheitliches Konzept. Im ersten Schritt stellen wir körperorientierte Techniken für die schnelle Hilfe vor. Hat der Stress überhandgenommen und wollen wir unseren Körper und Geist erst einmal beruhigen, dienen sie uns als wirkungsvolle Sofortmaßnahmen. Anschließend folgen Lösungsansätze, die sich auf unsere Arbeit und Arbeitsorganisation beziehen und bei richtiger Umsetzung zügig Entlastung verschaffen. Die Ursachen von dauerhaften Überlastungssituationen können so abgebaut werden. Des Weiteren zeigen wir Wege auf, wie wir unseren Körper und Geist langfristig optimal regenerieren und unsere Energien so aufladen, dass es nicht zur völligen Entladung kommen kann.

Kleine Burnout-Feuerwehr mit SET (Simple Energy Techniques)

Die Simple Energy Techniques, kurz SET genannt, eignen sich hervorragend als »Erste-Hilfe-Maßnahme«. Steve Wells und David Lake lehren diese einfache Technik mit sehr guten Erfolgen. Sie haben damit das EFT, die Emotional Freedom Techniques, vereinfacht und alltagstauglich gemacht.

Wer noch nicht mit dieser Technik in Berührung gekommen ist, dem wird diese Methode erst einmal sehr seltsam erscheinen. Wenn man sie anwendet, wird man aber schnell von ihrer Wirksamkeit überzeugt sein. Sie kann Stress und Belastungen reduzieren, gleichzeitig können aber auch die Ursachen gezielt bearbeitet werden. Bei dieser Technik werden die Meridiane durch sanftes Klopfen stimuliert. Während des Klopfens denken Sie an Ihr Problem oder die Situation, die Ihnen Schwierigkeiten bereitet. Gehen Sie dabei wie folgt vor.

➜ Fokussieren Sie Ihr Thema. Das Problem, den unangenehmen Gedanken, negative Gefühle.

➜ Klopfen Sie die Meridianpunkte am besten mit zwei Fingern. Es ist dabei egal, in welcher Reihenfolge Sie klopfen, ob rechts oder links. Sie können jederzeit abwechseln.

➜ Erfassen Sie dabei alle Gedanken zu dem Thema, das Stress auslöst. Fokussieren Sie auch die damit einhergehenden Körperempfindungen.

➜ Klopfen Sie die Punkte nacheinander je ca. 10-mal. Atmen Sie am Ende jeder Klopfsequenz einmal tief durch. Wiederholen Sie die Klopfsequenzen, bis sich Körper und Geist entspannt haben.

Die Meridianpunkte:

Augenbraue innen:
Dieser Punkt liegt an der Innenseite der Augenbraue. Zwischen Nasenwurzel und dem Beginn der Augenbraue.

Augenbraue außen:
Dieser Punkt liegt am Ende der Augenbraue, legen Sie den ersten Finger genau ans Ende, den zweiten Finger an den Knochen der Augenhöhle.

Wangenknochen oben:
Dieser Punkt liegt am oberen Wangenknochen.

Unter der Nase:
Dieser Punkt liegt unter der Nase auf der Oberlippe.

Kinngrübchen:
Dieser Punkt liegt genau auf dem Grübchen.

Schlüsselbein:
Dieser ist zu finden, wenn Sie das Schlüsselbein in Richtung Brust entlangfahren. Dabei gelangen Sie kurz vor dem Ende des Schlüsselbeins in eine kleine Mulde. Klopfen Sie in dieser Mulde.

Unter dem Arm:
Dieser Punkt liegt unterhalb der Achsel auf Höhe der Brustwarze.

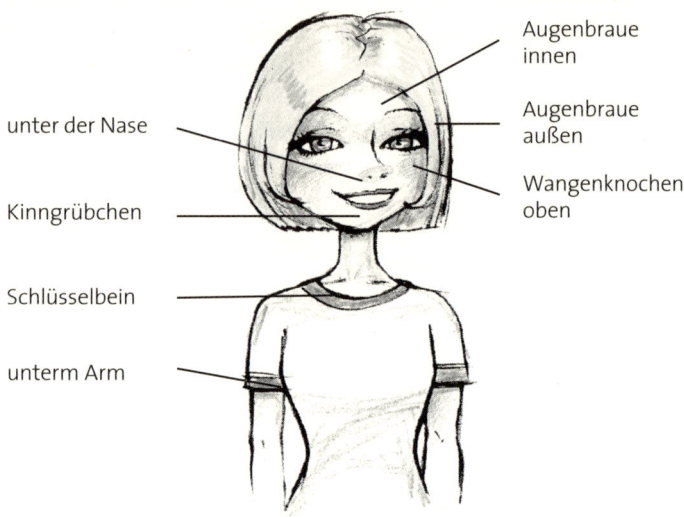

Augenbraue innen

Augenbraue außen

unter der Nase

Wangenknochen oben

Kinngrübchen

Schlüsselbein

unterm Arm

Empfehlung: Praktizieren Sie das SET täglich ca. 15 – 30 Minuten und lassen Sie das Klopfen zur Gewohnheit werden, indem Sie das Klopfen der Meridianpunkte in Ihren Alltag integrieren. Nutzen Sie dabei Gelegenheiten wie z. B. beim Telefonieren oder beim Spazierengehen.

Die diskreteren Handpunkte:
Für die Anwendung im Alltag oder in der Öffentlichkeit eignen sich folgende Punkte: Klopfen Sie auch ohne konkreten Anlass, einfach nebenher. Dann können Kopf und Körper verarbeiten, was Sie auch so nebenher noch beschäftigt. Sie arbeiten auch ohne gedankliches Zutun für uns.

Sie können die Fingerpunkte mit dem Daumen der gleichen Hand klopfen. Dabei wird jeweils 8 – 10-mal seitlich des Nagels geklopft. Der Punkt seitlich des Daumennagels kann mit dem Zeigefinger geklopft werden. Wiederholen Sie die Klopfsequenz beim Klopfen »einfach nebenher« so lange Sie wollen oder wenn Sie mit einem Problem arbeiten, bis Sie sich deutlich entspannt haben.

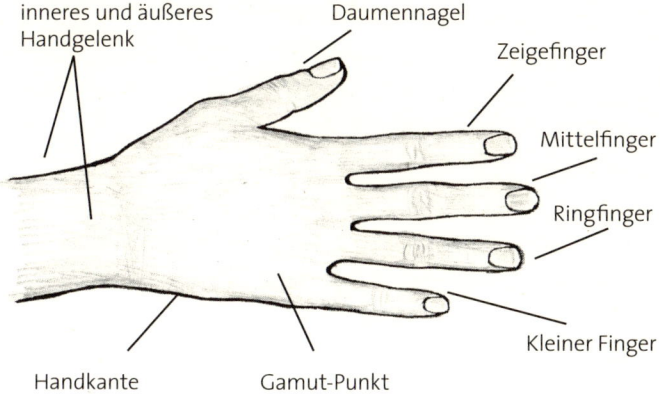

inneres und äußeres Handgelenk
Daumennagel
Zeigefinger
Mittelfinger
Ringfinger
Kleiner Finger
Handkante
Gamut-Punkt

Weitere hilfreiche Punkte:

An der Hand gibt es noch weitere Punkte, die sich hervorragend eignen, um Stress abzubauen. Es ist dabei wiederum egal, ob rechts oder links geklopft wird.

Gamut-Punkt:

Dieser Punkt liegt auf dem Handrücken in der Vertiefung zwischen kleinem Finger und Ringfinger. Er wird auch als Brücke bezeichnet.

Handkante:

Dieser Punkt liegt genau an der Handkante und kann auch mit drei Fingern geklopft werden.

Inneres und äußeres Handgelenk:

Diese Punkte liegen neben dem Handgelenk in Richtung Arm. Legen Sie zum Klopfen jeweils zwei Finger neben das Handgelenk und klopfen Sie es oben oder unten. Sie können dabei wechseln, so oft Sie wollen.

Alle Meridianpunkte können beliebig kombiniert und beliebig oft geklopft werden. Oft wird ein Punkt als besonders intensiv wahrgenommen. Bleiben Sie dann bei diesem Punkt. Sie können nach Belieben auch später die anderen Punkte dazunehmen.

Eine neue alte Anti-Stress-Technik: Bilaterale Stimulierung

Es ist davon auszugehen, dass auch unsere Vorfahren Stress und traumatischen Erlebnissen ausgesetzt waren. Vielleicht mehr als heute. Sie erlebten hautnah tödliche Unfälle ihrer Jagdgenossen oder Verzweiflung und Tod in Hungersnöten. Tod und Katastrophen gehörten auch früher zum Alltag. Fest steht, gäbe es keine Selbstheilungsmechanismen für die Psyche, wären Mensch und Tier wohl schon längst ausgestorben. Wir wären in traumatischen Erlebnissen gefangen, erschöpft und nur noch eingeschränkt lebensfähig.

Was machten unsere Vorfahren, wenn sie großem Stress ausgesetzt waren und Traumatisches erlebt hatten? Sie liefen zu Fuß nach Hause, feierten in der Gemeinschaft ihr Überleben. Sie trommelten und tanzten in rhythmischen Bewegungen. Immer mit einer Bewegungsabfolge: rechts-links.

Die clevere Form des Stressabbaus
Um ein besseres Verständnis für die komplexen Prozesse zu gewinnen, zunächst eine vereinfachte Ausführung dazu, was dabei in unserem Kopf vor sich geht.

Durch Rechts-links-Bewegungen werden abwechselnd unsere beiden Gehirnhälften und damit auch unser rechter und linker Hippocampus stimuliert. Dadurch kommt es unweigerlich zu einer Entspannungsreaktion, wir werden gelassen und ruhig. Gleichzeitig werden Inhalte aus dem Tagesgedächtnis wie auch belastende Altlasten etc. vom Hippocampus ins Langzeitgedächtnis weitergeleitet und in den zuständigen Regionen abgespeichert. Ist die Belastung dort einmal angekommen, verblasst der ehemals belastende und blockierende Zustand in seiner Intensität. Die Belastung wird ohne emotionale Ladung als erledigt im Langzeitgedächtnis abgelegt, die damit einhergehende Stressreaktion gelöscht.

Aber die Rechts-links-Bewegung kann noch viel mehr. Durch die Aktivierung des Langzeitgedächtnisses werden auch positive neuronale Gedächtnisinhalte stimuliert. Es lassen sich gezielt Ressourcen und positive Erfahrungen aktivieren und neuronale Verknüpfungen zu unseren Ressourcen schaffen. Gelingt die Verknüpfung, können wir in Zukunft in ähnlichen Situationen auf erfolgreiche Handlungsstrategien, Eigenschaften und Ressourcen zurückgreifen und uns derer bedienen. Wir behalten auch in schwierigen Situationen den Überblick, womit unser Stresslevel erheblich sinkt. Warum das so wichtig für uns ist:

Das Andocken an unsere Ressourcen ist insbesondere in belastenden Situationen entscheidend für die Intensität einer Stressreaktion. Oft fühlen wir uns wie abgeschnitten von unserer Kreativität und unserem Scharfsinn. Wir sind blockiert, alles reduziert sich auf die Belastung und es gelingt uns nicht mehr, unsere Fähigkeiten und positiven Eigenschaften für die Bewältigung unseres Problems zu nutzen.

Es ergeht unserem Gehirn ähnlich wie einem großen Orchester, in dem ein paar Geiger aus dem Takt gekommen sind und keinen Kontakt mehr zu den vielen anderen Musikern und zum Dirigenten finden. Aufgrund der Stressreaktion beschäftigen sie sich ausschließlich mit ihrem Problem, irren ziellos in den Melodien ihrer Notenblätter, statt auf das restliche Orchester zu hören. Erst dann, wenn sie in Kontakt zu ihren Musikerkollegen treten, auf deren Melodie hören, können sie sich wieder integrieren. Das gesamte Orchester ist endlich wieder im Fluss, zur Freude des Dirigenten. Ein einziger Musiker kann ausreichen, um ein gesamtes Orchester aus dem Tritt zu bringen und Beethovens Fünfte klingt wie Katzenmusik. Was kann der Dirigent tun, um den Störfaktor zu integrieren?

Er muss seine aus dem Tritt gekommenen Musiker wieder in Kontakt bringen mit dem übrigen Orchester.

Die einfache Strategie heißt, unserem Gehirn den nicht mehr

zugänglichen Erfahrungsschatz, aus dem wir Lösungen generieren können, wieder zugänglich zu machen. Dies gelingt am einfachsten durch Rechts-links-Bewegung oder bilaterale Stimulation.

Erkenntnisse über die Verarbeitung von Gedächtnisinhalten im REM-Schlaf (vgl. Koordinate Schlaf) und bei Bewegungsabläufen führten dazu, dass die natürlichen Verarbeitungsprozesse der Psyche schließlich für den Abbau von Stress entdeckt wurden. Moderne Therapieformen ahmen den bilateralen Verarbeitungsmechanismus der Bewegung nach. Mit ihnen können auch in kurzer Zeit wieder Entlastung und Wohlbefinden erreicht werden. Francine Shapiro entwickelte aus diesem Verarbeitungsmechanismus eine neue Therapieform, das sogenannte EMDR (Eye Movement Desensitization and Reprocessing), das in den letzten 20 Jahren mit sensationellen Erfolgen, vor allem in der Traumatherapie, weiterentwickelt wurde. Diese Methode wird inzwischen auch bei Burnout, Ängsten, Depressionen und Blockaden erfolgreich angewandt.

Bilaterale Stimulierung durch Gehen oder Laufen

Wir wollen Ihnen in diesem Kapitel einige einfache wie auch alltagstaugliche, aber sehr effektive Übungen vorstellen, die Sie sowohl zu Hause als auch im Büro ausführen können. Auf diese Weise können Sie gezielt den Auswirkungen von Stress vorbeugen. Sie sind ein wirkungsvolles Mittel gegen Burnout, Depressionen, Ängste und Blockaden.

Zunächst zur einfachsten Anwendung der bilateralen Technik: Sie bewegen sich. Die Bewegung hat ein einfaches Muster: ein rhythmisches rechts-links-rechts-links-rechts-links ...

Das Gute ist, dieser Verarbeitungsmechanismus ist jedem frei zugänglich, man muss einfach nur gehen oder laufen. Analog dem Verarbeitungsmechanismus des REM-Schlafs werden auch beim Gehen oder Laufen abwechselnd die linke und rechte Gehirnhälfte stimuliert. Tun Sie das immer dann, wenn sich die Gelegenheit bietet, oder gezielt, wenn Sie im Stress sind oder ein Problem nicht lösen können. Dann gehen oder laufen Sie los.

BILATERALE ÜBUNG 1:

Um eine Belastung oder ein Problem zu bearbeiten, können Sie wie folgt vorgehen:

1. Denken Sie an das Problem, an die belastende Situation, die Stress verursacht.
2. Spüren Sie bewusst die körperliche Reaktion, die mit der Erinnerung auf die belastend erlebte Situation einhergeht. Das kann z. B. ein Druck in der Magengegend oder auf der Brust sein oder ein Kloß im Hals.
3. Fokussieren Sie diese Körperreaktion.
4. Gehen oder laufen Sie los, lassen Sie dabei ihre Arme entspannt schwingen, gehen Sie flott ohne Unterbrechungen.
5. Gehen oder laufen Sie mit den Bildern, die auftauchen. Oft wechseln diese mit Erinnerungen und Gefühlen. Nehmen Sie dabei immer wieder Ihren Körper und seine Reaktionen bewusst wahr.
6. Gehen oder laufen Sie so lange mit dem Thema, bis Sie sich deutlich entspannt haben. Bleibt noch eine Belastung übrig, so räumen Sie sie gedanklich in eine Kiste oder lassen Sie sie einfach am Wegesrand. Egal wo, Sie können es jederzeit wieder abholen und von Neuem starten.

Wenn sie immer wieder vom eigentlichen Thema abschweifen:

➜ Spüren Sie einen Widerwillen beim Gedanken an die Stressreaktion / belastende Thematik? Wenn ja, dann konzentrieren Sie sich auf den Widerstand. Welche Bilder, Gefühle, Körperreaktionen gehen damit einher? Fokussieren Sie diese wie beschrieben und gehen Sie dabei genauso vor. Wenn der Widerstand auf null gesunken ist, kehren Sie zu Ihrem Ausgangsthema zurück. Überprüfen Sie, ob Sie noch eine Belastung spüren, und starten Sie wieder bei Punkt zwei.

➔ Wenn Sie keinen Widerstand spüren, überprüfen Sie die Ausgangssituation. Wie belastend ist das Thema noch für mich? Welche Reaktionen, Gedanken, Körperreaktionen, welche Bilder löst es noch bei mir aus? Belastet Sie das Thema immer noch, so versuchen Sie das Thema noch einmal genau auf den Punkt zu bringen. Gehen Sie mit dem genauer begrenzten Thema. Auf diese Weise können Sie immer wieder vorgehen. Es ist normal abzuschweifen. Knüpfen Sie dann beim letzten Gedanken wieder an.

Die Erfahrung zeigt, dass sich das Problem, die Belastung nach dem fokussierten Gehen deutlich reduziert und leichter anfühlt. Sie haben mehr Distanz, und eine differenziertere Betrachtungsweise wird möglich. Dies ist ein sehr brauchbarer Weg, um sich neue Möglichkeiten und Lösungswege zu erschließen.

Wenn die Belastung noch nicht vollständig bei einem Spaziergang oder Lauf gelöst wurde, arbeitet der Kopf aufgrund seines Strebens nach innerer Balance ohne unser willentliches Zutun weiter. Oft kann das Problem nach einigen Tagen vollständig ohne Belastung erinnert werden. Es muss lediglich der Verarbeitungsmechanismus in Gang gesetzt werden, die restliche Arbeit erledigt dann unser Gehirn selbstständig.

Generell sind wir so angelegt, dass wir uns instinktiv positiven Dingen zuwenden, Negatives meiden, oder wenn dies nicht möglich ist, eben schnellstmöglich vergessen wollen. Wir wenden uns lieber freundlichen als griesgrämigen Gesichtern zu, treffen uns vorzugsweise mit gutgelaunten Menschen und meiden Beerdigungsgesellschaften. Auch denken und erinnern wir lieber die lustigen Dinge oder freuen uns über jede peinliche Situation, der wir etwas Lustiges abgewinnen können. Einfach ausgedrückt:

Wir sind von Natur aus so ausgerichtet, dass wir Negatives verarbeiten und Positives verstärken. Hierzu eine bilaterale Übung, um Stress und Belastung mit vorhandenen positiven Eigenschaften, Fähigkeiten zu verbinden und gezielt nutzbar zu machen.

BILATERALE ÜBUNG 2:

Um Ihre Ressourcen zu stärken und eine Verbindung zu Ihrer Belastung zu knüpfen, können Sie wie folgt vorgehen:

1. Erinnern Sie sich an den belastenden Moment oder an das Verhalten eines Menschen, das Sie blockiert. Sammeln Sie, was Ihnen half oder helfen könnte, die Situation zu meistern. Hierzu zählen Einstellungen und Stärken wie z. B. Liebe zu den Menschen, ihr Wissen. Oder Momente, in denen Sie Ruhe schöpfen, wie der Blick ins Grüne. Wenn Sie Zeit haben, notieren Sie die Punkte.

2. Jetzt suchen Sie nach ähnlichen Situationen in der Vergangenheit. Was hat Ihnen in diesen Momenten bei der Bewältigung geholfen? Sammeln Sie diese wieder und notieren Sie die Punkte.

3. Wählen Sie aus Ihren gesammelten Punkten die drei Besten aus. Beginnen Sie mit der ersten Ressource. Denken Sie an Ihre Stärken, lassen Sie Bilder und Gedanken entstehen und spüren Sie bewusst die körperliche Reaktion, die damit einhergeht.

4. Fokussieren Sie diese Körperreaktion. Das kann z. B. ein warmes Gefühl in der Bauchgegend sein, ein freier Atem oder ein weites Gefühl im Brustbereich

5. Gehen oder laufen Sie los, lassen Sie dabei Ihre Arme entspannt schwingen, gehen Sie flott ohne Unterbrechungen.

6. Gehen oder laufen Sie mit den Bildern, die auftauchen. Lassen Sie neue Bilder, Gefühle entstehen. Nehmen Sie dabei immer wieder Ihren Körper und seine Reaktionen bewusst wahr.

7. Verfahren Sie mit den beiden anderen Stärken genauso.

8. Der Switch zur Belastung: Nun denken Sie an die belastende Situation. Betrachten diese mit all ihren Anteilen. Lassen Sie Bilder entstehen, nehmen Sie auftauchende Gefühle, Körpersensationen wahr. Gehen Sie dabei.

9. Der Switch zur Ressource: Wechseln Sie zu Ihren entdeckten Ressourcen. Switchen Sie so oft und so lange Sie wollen, gehen

Sie dabei. Holen Sie sich gedanklich Situationen, Bilder etc. her, die damit einhergehen. Je belastender die Situation ist, umso häufiger sollten Sie zu Ihren Stärken wechseln. Die Reihenfolge können Sie beliebig wählen. Mit jedem Wechsel verweben Sie Ihre positiven Erfahrungen mit negativen belastenden Inhalten.

10. Gehen oder laufen Sie so lange mit dem Thema und wechseln Sie, bis eine deutliche Entspannung spürbar ist.

Mit dem Wechsel zwischen Belastung und Ressource bauen Sie neue neuronale Straßen und Brücken. Der Ausbau beginnt mit schmalen Pfaden, die, wenn sie öfter begangen werden, zu breiten Pfaden, Wegen und schließlich Straßen werden. Der neuronale Umbau passiert tagtäglich. Die Kunst besteht darin, sich neue Wege zu erschließen, Möglichkeiten neuer Verknüpfungen zu finden und begehbar zu machen. Je öfter wir diese Wege denken, umso breiter werden sie. Je breiter, umso einfacher finden wir den Lösungsweg.

Lassen Sie sich überraschen, was Ihr Gehirn bereits an Erfahrungen und Lösungen bereithält. Gehen Sie wie Kolumbus auf Reisen und entdecken Sie neue Kontinente. Die meisten Lösungen sind schon längst da, sie müssen nur gefunden werden.

Ein paar Tipps zur Durchführung:

➜ Planen Sie für den Spaziergang oder Lauf ca. 30 Minuten ohne Zwischenstopps ein. Sind Sie schon früher fertig, nutzen Sie die Zeit, um neue Sichtweisen und Erkenntnisse noch einmal ausführlich zu betrachten. Vergleichen Sie diese mit den Sichtweisen, mit denen Sie gestartet sind. Verbuchen Sie die ehemalige Belastung als Erfahrung mit Nutzen für die Zukunft.

➜ In der Praxis zeigt sich immer wieder, dass die Verwebung von negativem Material und Ressourcenmaterial zu einem schnelleren Absinken der Belastung führt. Gleichzeitig erscheinen plötzlich Lösungsmöglichkeiten und Wege, die man vorher auch durch langes Nachdenken und durch Diskutieren nicht finden konnte.

➜ Die Lösung der Belastung zeigt sich in der Regel durch ein Auflachen: »So, jetzt hab ich's.« Dies ist der typische Abschluss einer EMDR-Sitzung oder eben eines »fokussierten« Spaziergangs. Es ist das Zeichen, dass das Gehirn neue Wege erschlossen hat und das belastende Material integriert wurde. Es kann ohne negative emotionale Ladung erinnert werden.

Bilaterale Techniken für zwischendurch

Für zwischendurch, im Büro oder zu Hause eignen sich andere bilaterale Techniken. Das nun vorgestellte Tappen oder der Butterfly eignen sich für Situationen, in denen wir nicht die Möglichkeit haben loszulaufen. Aber auch für Momente, in denen wir ganz bewusst allein oder in einem geschützten Raum bleiben wollen.

Beim Tappen wird mit den Händen im wechselseitigen Rhythmus auf die Oberschenkel geklopft, beim Butterfly überkreuzen Sie die Arme vor dem Oberkörper und klopfen im eigenen Rhythmus abwechselnd rechts und links auf Schulter oder Oberarme.

Eine weitere Möglichkeit ist die akustische Stimulation über Musik oder eine eigens dafür entwickelte Brille. Im ersten Fall setzen Sie sich Kopfhörer auf und lassen sich von ruhigen Klängen entweder entspannen oder arbeiten aktiv an Ihrer stressauslösenden Situation mit den vorgestellten bilateralen Übungen. (Vgl. auch die Bilaterale Übung im Kapitel »Koordinate: Schlaf«.) Für eine bessere Konzentration können Sie sich auch die Kopfhörer z. B. bei Schreibarbeiten im Büro etc. aufsetzen. Im zweiten Fall setzen Sie sich eine Brille auf, die die Gehirnhälften über sanfte Lichtimpulse stimuliert, und gehen wie bereits beschrieben vor.

Entspannung und Stressabbau in den Alltag zu integrieren ist nicht schwierig, die Einsatzmöglichkeiten sind vielfältig. Falls Sie gerade keine Möglichkeit haben zu laufen oder zu gehen, tappen Sie einfach, setzen Sie sich Kopfhörer auf oder lassen Sie die Lichtimpulse der Brille für sich arbeiten. Wo Sie Musik und Brille bestellen können, finden Sie im Anhang.

Wann hilft besser ein Therapeut?

Oft scheint das Problem so groß, dass eine Auflösung nicht möglich erscheint oder man traut sich nicht allein heran. Das hat meist einen guten Grund. Wir wollen dann das Fass instinktiv nicht aufmachen, weil wir nicht wissen, was sich darin verborgen hält. Dann sollte besser ein Profi herangezogen werden, der die notwendige Sicherheit bietet und durch den Prozess lotsen kann. Er achtet darauf, dass man bei größeren Belastungen nicht von negativen Gefühlen überschwemmt wird und die Kontrolle verliert. Er hat die notwendige Außensicht, um in die eine oder bessere andere Richtung zu lenken. Der Perspektivwechsel ist oftmals notwendig, um Probleme neu zu definieren und Wege daraus zu finden.

Ein Beispiel zur Veranschaulichung: Mitten im Maisfeld können wir jede Maispflanze etc. sehr genau studieren. Betrachten wir das Maisfeld aus der Vogelperspektive, erkennen wir das große Ganze. Welche Wege dorthin führen, wo Straßen verlaufen, wo der nächste Wald liegt und wie hügelig die Landschaft ist. Diese Perspektive nehmen Therapeuten oder Coaches ein, die dann Wege und Pfade aufzeigen. Auf Wege verweisen, die bereits existieren, und auf noch nicht vorhandene Wege, die noch gebaut werden müssen. Sind die Anregungen erst einmal von unserem Gehirn gedacht worden, bilden sich neue Verknüpfungen, durch die es gelingt, wieder an eigenes Potenzial anzuknüpfen und es komplett auszuschöpfen.

Denn wir sind dann am widerstandsfähigsten, wenn wir keine Altlasten mit uns herumtragen und auf alle neuronalen Verknüpfungen und positiven Ereignisse unseres Denkorgans zugreifen können.

In der therapeutischen Praxis bedient man sich weiterer bilateraler Verarbeitungsmechanismen, diese sind aber nicht für die Selbstanwendung geeignet. Bei manchen Problemen kommt man ins Stocken und allein nicht weiter. Wir empfehlen, sich bei Bedarf die eine oder andere therapeutische Sitzung zu gönnen. Ihr Nutzen liegt in der hohen Effizienz und einer daraus resultierenden, grundlegenden Senkung des Anspannungsniveaus.

Selbstverantwortlicher Umgang mit den eigenen Ressourcen

Die aufgezeigten Entwicklungen in der Arbeitswelt fordern von uns ein bislang ungewohntes Maß an Eigenverantwortung. Um bei der zugenommenen Komplexität und ungefilterten Menge an Aufgaben dauerhaft gesund und leistungsfähig zu bleiben, braucht der Mitarbeiter Managementkompetenzen. Das Konzept der »neun wirksamen Befreiungsstrategien« beinhaltet Werkzeuge und Techniken für einen selbstverantwortlichen Umgang mit den eigenen Ressourcen. Setzt sie der Mitarbeiter konsequent um, betritt er damit meist für sich selbst und sein Umfeld Neuland. Tatsache ist, dass der Chef selbst unter starkem Zeitdruck steht, häufig kein Problembewusstsein hat und im Grunde in derselben Problematik verstrickt ist wie sein Mitarbeiter. Eine gesunde Portion Mut, Entschlossenheit und Ausdauer sowie eine konstruktive Einstellung zum Unternehmen helfen, diesen neuen Pfad erfolgreich zu bahnen.

Die neun wirksamen Befreiungsstrategien

Befreiungsstrategie 1: Planen ist besser als Hoffen

Um immer wieder das persönliche rechte Maß an Arbeit auszuloten, braucht der Mitarbeiter planerische Fähigkeiten. Solange er sich einfach nur mit Elan in eine Aufgabe stürzt und hofft, dass er sie schon irgendwie hinbekommen wird, kann er einer drohenden Erschöpfung nicht rechtzeitig entgegenwirken. Dazu bedarf es einer vorausschauenden Übersicht aller Anforderungen und einer Einschätzung des Leistbaren. Aufwand und Ressourcen müssen frühzeitig und realistisch geschätzt werden. Dabei können absehbare Engpässe rechtzeitig identifiziert und die wichtigsten Aufgaben erkannt und priorisiert werden. Mit lösungsorientiertem Denken und Kreativität gilt es anschließend zu bestimmen, was erreichbar ist, und mit einem Plan eine strategisch kluge Vorgehensweise zu entwickeln.

Doch Planung liegt nicht jedem gleich. Es gibt Persönlichkeitstypen, denen das Planen ein inneres Bedürfnis ist, und andere, denen es schwerfällt. Sie sind ungeduldig, legen lieber erst mal los und nehmen auftretende Probleme dann in Augenschein, wenn sie auftauchen. Für sie ist es besonders wichtig, zu lernen, vorausschauend zu denken und ihre planerische Kompetenz gezielt aufzubauen. Vielleicht haben sie das bislang nicht benötigt. Doch die Zeiten ändern sich, und im Hinblick auf die zukünftigen Herausforderungen im Berufsleben erscheint es uns als eine lohnende Investition in das Kompetenzprofil, sich darin zu schulen.

★ **Quickwin:** Finden Sie heraus, welche Ihrer KollegInnen gut in Planung und Organisation sind, und holen Sie sich dort Rat und Hilfe.

Leider herrscht in einigen Unternehmen noch eine Kultur, in der eine realistische Einschätzung des Machbaren nicht erwünscht ist. Hintergrund sind unrealistische Zielvorgaben von höherer Stelle, die nicht zur Diskussion stehen. Dann wird der eigenverantwortlich handelnde Mitarbeiter als Bremser oder Bedenkenträger gesehen und seine Motivation und Leistungsbereitschaft infrage gestellt. Um keinen falschen Eindruck zu erwecken, helfen die nachfolgend beschriebenen Techniken des freundlichen Neinsagens (Befreiungsstrategie 7) und des unternehmerischen Argumentierens (Befreiungsstrategie 4).

Leiden wir unter fehlendem Mut, vorauseilendem Gehorsam und fällt uns das Neinsagen schwer, können wir uns damit selbst im Weg stehen. Die auf Seite 109 ff. beschriebenen Emotionsfallen halten uns von einer professionellen Planung ab. Schauen Sie sich zur Ermutigung vorausschauend den betriebswirtschaftlichen Schaden (wie auf Seite 84 beschrieben) an, der dem Unternehmen droht, wenn wir nicht praxisnah kalkulieren.

Befreiungsstrategie 2: Im Zweifel für den Menschen

Wir plädieren für eine neue konsequente Grundhaltung bei Bedürfniskonflikten im Unternehmen. Immer wieder entstehen im Berufsalltag Situationen, in denen die Belange der Mitarbeiter mit den Belangen der Firma kollidieren. Einen Extremfall haben wir in Phase 4 gesehen (Seite 81 ff.), bei dem die Gesundheit des Mitarbeiters auf dem Spiel stand. Ist ein Schaden nicht mehr abzuwenden und bleibt lediglich noch die Entscheidung darüber zu treffen, wer den entstehenden Schaden tragen muss, der Mitarbeiter, hier mit dem Verlust seiner Gesundheit, oder die Firma, hier mit einer finanziellen Einbuße oder einem Imageverlust, empfehlen wir die klare Position: im Zweifel für den Mitarbeiter. Der Schaden, der dem Unternehmen entsteht, ist isoliert betrachtet möglicherweise nicht unerheblich. Stellt man ihn jedoch in Relation zum Gesamtsystem, also vergleicht man den Verlust mit den Umsätzen und Gewinnen der gesamten Firma, entspricht der entstandene Schaden meist nicht mehr als einem kleinen Kratzer. Der Mitarbeiter verliert bei einem Burnout über lange Zeit seine Leistungsfähigkeit. Im schlimmsten Fall bleibt eine nachhaltige Leistungseinschränkung bestehen. In Relation zu seinem Gesamtsystem entspricht der Schaden einem gefährlichen Volltreffer. Nicht zu vergessen, dass die Firma dadurch einen hoch motivierten Kompetenzträger verliert.

Ein Praxisbeispiel zeigt, wie wir im Arbeitsalltag die Belange des Menschen hintanstellen.

▶▶ *Im Auftrag eines Kunden moderierte ich, Ursula Wawrzinek, mit der zuständigen firmeninternen Personalentwicklerin eine große Führungskräftetagung. Wir sprachen uns mit einer Praktikantin, die uns unterstützte, über die nächsten Schritte ab. Ich bemerkte, dass sie angeschlagen wirkte, und erkundigte mich nach ihrem Wohlergehen. Sie erzählte, dass sie Schüttelfrost, Kopf- und Gliederschmerzen habe. Spontan sagte ich ihr, dass sie ins Bett gehöre und nach Hause gehen solle. Lauthals protestierte die Personalentwicklerin und schränkte ein, dass wir vorher prüfen müssten, ob wir sie überhaupt entbehren könnten.*

Das Beispiel zeigt, wie selbstverständlich wir die Arbeit wichtiger nehmen als die Gesundheit einer Mitarbeiterin. Es wird von ihr erwartet, dass sie pflichtbewusst ihre gesundheitlichen Belange hinter die Anforderungen im Job stellt. Nur wenn es auch gut ohne sie geht, kann sie nach Hause gehen.

Übrigens: Selbstverständlich sind wir problemlos ohne die Praktikantin ausgekommen. Und natürlich mussten wir ein wenig umorganisieren. Es hat Konsequenzen, wenn einer ausfällt, das ist klar. Doch es hat auch Konsequenzen, wenn jemand krank ist, ins Bett gehört und stattdessen arbeitet. Nur sind diese Konsequenzen vordergründig erst einmal nicht sichtbar und nicht messbar. Es ist ein gefährliches unternehmerisches Risikospiel, bei dem aufgrund kurzfristiger Belange mittel- bis langfristig erheblicher Schaden im Bereich Human Resources entstehen kann, der zudem schwer reparabel ist.

⚡ Selbstreflexion:

Habe ich ähnliche Situationen erlebt oder beobachtet?
Wie gehe ich mit einer vergleichbaren Situation um?
Welche Einstellung nehme ich in meiner Firma, bei meinem Chef, bei meinen Kollegen, in meinem Freundeskreis und in meiner Familie wahr?
Welche Schlüsse ziehe ich daraus?

Befreiungsstrategie 3: Eigene Glaubenssätze hinterfragen

Es sind unsere Überzeugungen und Glaubenssätze, die unser Denken prägen und unser Handeln leiten. Sie sind tief in uns verwurzelt und wirken im Verborgenen. Im Laufe unseres Lebens haben sie sich durch Vorbilder, Erziehung, Erfahrungen und Erkenntnisse entwickelt. Sie sind unsere inneren Leitplanken, an denen wir uns orientieren.

Das Problem: Für uns selbst erscheint unsere Handlungsweise als die einzig logische, sozusagen vollkommen alternativlos. Wir übersehen, dass es lediglich unsere im Hintergrund wirkenden persönlichen Glaubenssätze und »Verführer« sind, die unser Handlungsspektrum einengen und keine anderen Lösungen zulassen.

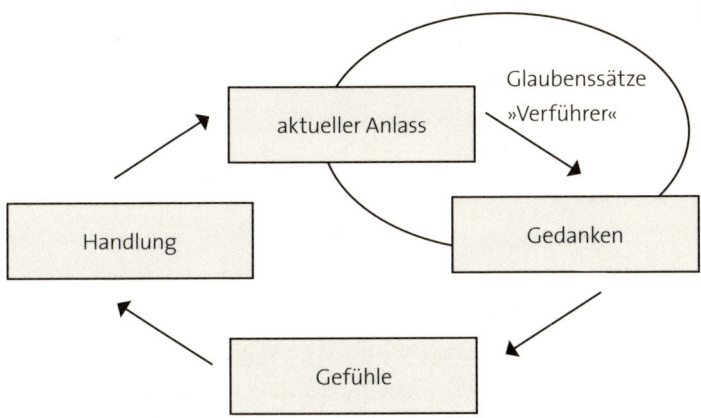

Im Hintergrund wirken unsere Glaubenssätze und Verführer auf uns ein

Entsteht in der Arbeit eine kritische Situation, machen wir uns zunächst unsere Gedanken dazu. Entscheidend ist nun, welche Gedanken wir uns machen. Denn unsere Gedanken lösen entsprechende Gefühle in uns aus.

Betrachten wir zunächst ungünstige innere Glaubenssätze. Hier einige Beispiele:

➡ Es muss gemacht werden, ich habe keine Wahl.

➡ Wenn ich es nicht mache, wird man mir Arbeitsverweigerung vorhalten.

➡ Ich kann dem Kunden nicht zumuten, dass er die Leistung nicht rechtzeitig erhält.

→ Das wird heutzutage eben von den Mitarbeitern erwartet.

→ Es ist auch eine Chance, dass ich mal zeige, was in mir steckt.

→ Ich muss es schaffen, andere schaffen es doch auch.

→ Ich kann meinen Chef, meine Kollegen, meine Kunden ... nicht hängen lassen.

→ Das kann ich jetzt einfach nicht bringen.

Welche Auswirkungen haben solche Überzeugungen auf unser Fühlen und Handeln? Prüfen Sie: Wenn Sie so denken, wie fühlen Sie sich dann? Und wie beeinflusst das Ihr Handeln?

In der Regel fühlen wir uns den Umständen ohnmächtig ausgeliefert, sehen keine Wahlmöglichkeit und ordnen uns – manchmal widerwillig – unter.

Betrachten wir nun im Vergleich einige hilfreiche Glaubenssätze, die uns ermutigen, proaktiv und eigenverantwortlich für unser Wohlergehen zu sorgen:

→ Ich bin eine kompetente, engagierte Mitarbeiterin. Mein Chef weiß das. Wenn ich ihm aufzeige, dass es nicht geht, wird er mir glauben.

→ Es ist zu viel, so ist es nicht zu schaffen. Ich muss das mit dem Chef besprechen und mit ihm eine Lösung finden.

→ Mein Chef kann nicht erkennen, wie viel Aufwand hinter dieser Arbeit steckt. Ich muss ihm einen Einblick gewähren.

→ Wenn ich so weitermache, verliere ich meine Effizienz und wirke zunehmend unorganisiert. Ich bespreche das Problem mit dem Chef und schlage ihm folgende Lösung vor ...

→ Wenn mir der Chef nicht helfen kann, dann muss ich mir selber helfen, bevor ich Schaden nehme.

Welche Auswirkungen haben solche Überzeugungen auf unser Fühlen und Handeln? Prüfen Sie: Wenn Sie so denken, wie fühlen Sie sich dann? Und wie beeinflusst das Ihr Handeln?

Mit diesen Überzeugungen suchen wir *frühzeitig* den Austausch mit der Führungskraft und verhandeln professionell unsere Möglichkeiten und Grenzen.

⚡ **Selbstreflexion:** Überlegen Sie anhand einer konkreten schwierigen Situation an Ihrem Arbeitsplatz folgende Fragen: Was passiert gerade? Was sind die klaren Fakten? Welche Gedanken mache ich mir dazu? Welche Gefühle entstehen bei mir? Welche Handlung bzw. Schlussfolgerung leite ich daraus normalerweise ab. Welche Handlungsalternativen gäbe es dazu? Sammeln Sie alle Alternativen. Bewerten Sie jede Alternative nach Vor- und Nachteilen. Unterscheiden Sie dabei Vor- und Nachteile für das Unternehmen, meinen Chef, meine KollegInnen und für mich. Wenn die Situation unweigerlich einen Schaden anrichtet, wer sollte den Schaden tragen? Ich, die KollegInnen, der Chef oder die Firma?

Wir sehen, wie stark unsere verborgenen Glaubenssätze auf unser Denken, Fühlen und Handeln Einfluss nehmen. Als Ergebnis entsteht eine Wirklichkeit, die wir selbst gestalten. Das Problem ist, dass wir nie erfahren werden, dass es auch anders hätte gehen können, da wir zutiefst davon überzeugt sind, dass es zu unserem Handeln keine sinnvollen Alternativen gibt.

Solange kein besonderer Anlass besteht, hinterfragen wir nämlich unsere Prinzipien nicht. Erst wenn wir durch Krisen erschüttert werden, sind wir gezwungen, sie neu zu überdenken. Wir holen sie dann aus dem Verborgenen an die Oberfläche, betrachten sie aufmerksam, reflektieren ihre Auswirkung und passen sie bei Bedarf den veränderten Gegebenheiten an. Dadurch steckt in jeder Krise auch immer eine Chance für persönliches Wachstum.

Im Falle einer Erkrankung mit Burnout müssen alle Glaubenssätze auf den Prüfstand gestellt werden. Neue heilsame Überzeugungen müssen erarbeitet werden, die eine Genesung und dauerhafte Gesunderhaltung gewährleisten.

Was spricht dagegen, diese Aktualisierung unserer Glaubenssätze gleich heute, hier und jetzt vorzunehmen?

⚡ **Selbstreflexion:** Welche Glaubenssätze prägen meine Einstellung und mein Verhalten am Arbeitsplatz? Welche davon sind günstig, welche eher ungünstig, um mit den aktuellen Entwicklungen am Arbeitsmarkt erfolgreich umzugehen? Welche neuen Glaubenssätze unterstützen meine Eigenverantwortung und Professionalität?

⭐ **Quickwin:** Schreiben Sie Ihre neuen Glaubenssätze gut lesbar auf eine Karte und stellen Sie diese zur ständigen Erinnerung in Ihren Privaträumen auf.

Befreiungsstrategie 4: Let's talk managerisch!

Die Kunst bei »Let's talk managerisch!« ist, den Blickwinkel des Mitarbeiters mithilfe einer neutralen Geschäftssprache der Führungskraft zur Verfügung zu stellen. Dafür bedarf es weniger einer emotionalen Beurteilung der Situation als vielmehr eines unternehmerischen Argumentierens mithilfe konkreter Zahlen, Daten, Fakten (Merkhilfe: ZDF). Der Empfänger der Nachricht wird dadurch in die Lage versetzt, selbst qualifiziert eine Beurteilung vornehmen zu können und daraufhin im Rahmen seiner Verantwortung eine angemessene Entscheidung treffen zu können.

Im Alltag sprechen wir Probleme meist emotional an. Das kommt daher, weil uns das Gefühl von Ohnmacht und Ausgeliefertsein auf längere Sicht aggressiv oder depressiv macht, uns resignieren oder aufbäumen lässt. Wenden wir uns dann aufgebracht an unseren Chef, haben wir schlechte Voraussetzungen für eine gelungene Auseinandersetzung. Erfahrungsgemäß wird unsere Kommunikation aufgrund unserer emotionalen Verfasstheit alles andere als sachlich, konstruktiv und professionell sein. Wir wirken dann eher angreifend, anklagend, jammernd oder abwehrend. Nachdem ein Chef meist kein Psychologe ist, kann er die Hintergründe unserer Aufregung nicht erkennen. Er erlebt unser Verhalten eher als hilflos, kindlich, trotzig oder unverschämt. Möglicherweise hält er uns sogar für unmotiviert. Dies leitet seine Gedanken in eine vollkommen falsche, von uns nicht gewollte Richtung. So wundert es kaum, dass wir uns dann durch seine Reaktion nicht verstanden fühlen. Letztendlich wurden wir auch nicht verstanden.

Statt eines Gefühlsausbruchs liefern wir also besser Zahlen, Daten, Fakten, schätzen Risiken ab, bieten Lösungsideen an und verhandeln eine angemessene Vorgehensweise. Dieses Engagement kann einer Führungskraft nur dienlich sein. Denn niemand kann den Aufwand, der hinter einer Aufgabe konkret steht, besser einschätzen als der Mitarbeiter vor Ort. Mit den meisten Arbeiten ist eine Vielzahl kleiner und zeitraubender, häufig auch nervenaufreibender Nebentätigkeiten verbunden, die niemand sieht und die in keine Planung einfließen. Somit hat der Chef keine Chance, die Lage realistisch einzuschätzen. Er beurteilt in Folge auch die Leistung, das Engagement und die Belastung eines Mitarbeiters nicht richtig.

Gut eignet sich eine schriftliche Entscheidungsvorlage, mit deren Hilfe der Mitarbeiter ein Problem professionell darstellen kann. Die Verschriftlichung des Themas bringt eine Verbindlichkeit in die Auseinandersetzung. Sie dokumentiert die Einschätzung des Mitarbeiters, sein Engagement für eine Lösung und die Entscheidung durch den verantwortlichen Chef.

Entscheidungsvorlage

Thema: _____

Zieldefinition: _____

Was will ich erreichen? Wo will ich hin?

IST-Situation: _____

Was ist das Problem? Warum ist es ein Problem?

Sachverhalt mithilfe von Zahlen/Daten/Fakten nachvollziehbar darstellen (aktuelle Prozesse, Ressourcen, Kosten etc.)

Risikoabwägung:

Was passiert, wenn wir nichts tun?

SOLL-Situation: _____

Zielbild beschreiben, wie sollte die Situation sein?

Lösungsmöglichkeiten: _____

1. verschiedene Alternativen darstellen

2. jeweils Aufwände, Chancen und Risiken abwägen

3. finanzielle und nicht finanzielle betriebswirtschaftliche Konsequenzen sichtbar machen

Empfehlung: _____

Welche Lösung empfehlen Sie dem Entscheider?

Getroffene Entscheidung: _____

Platz freihalten

Datum, Unterschrift _____

Befreiungsstrategie 5:
Den Vorschlägen der Führungskraft folgen

Ganz häufig werden von der Führungskraft Lösungsansätze angeboten, die nicht den Wünschen und Vorstellungen des Mitarbeiters entsprechen. Er hat einen eigenen Anspruch an die Qualität seiner Arbeit, die er realisieren möchte, um mit sich selbst zufrieden zu sein. Sieht der Chef die Lösung darin, von diesem Qualitätsniveau Abstand zu nehmen, oder empfiehlt er dem Mitarbeiter, übergangsweise sein Lieblingsprojekt zu vernachlässigen oder seinen Lieblingskunden hintanzustellen, führt das schnell zu dessen Abwehr und Unverständnis. Auch die Empfehlung, einen ungeliebten Kollegen mit einzubeziehen, stößt gerne auf taube Ohren. Der Mitarbeiter sieht in den Lösungsideen keine vernünftige Hilfe, lehnt die Vorschläge seiner Führungskraft als unbrauchbar ab und ignoriert sie. Er fühlt sich im Stich gelassen und versucht sein Problem in Folge im Alleingang, auf seine eigene Weise zu lösen.

Hier legt sich der Mitarbeiter einen Fallstrick. Er handelt nicht professionell, sondern entsprechend seiner persönlichen Vorlieben. Damit nimmt er den Chef in seiner Führungsrolle nicht ernst. Das führt unweigerlich zu einer Störung zwischen beiden. Mit der Einschätzung, dass dem Mitarbeiter nicht zu helfen ist, wird die Führungskraft ihn im Gegenzug auch nicht mehr ernst nehmen. Wie wir bereits gesehen haben, ist die Lage eindeutig zu ernst, als dass sich der Mitarbeiter hier von seinen persönlichen Empfindlichkeiten leiten lassen sollte. Er sollte Professionalität an den Tag legen und sich den Empfehlungen seiner Führungskraft unterordnen und diese umsetzen, auch wenn er sie persönlich nicht richtig findet.

Unterschiedliche Einschätzungen ernst nehmen

Ein Kunde erzählte, dass er eine Aufgabe übertragen bekam, für die er zwei Tage Zeit benötigte. Sein Chef sagte ihm anschließend, dass er selbst die gleiche Arbeit in einer halben Stunde erledigen würde. Der Mitarbeiter war darüber äußerst erbost, fühlte sich ungerecht behandelt und empfand die Chefaussage schlichtweg als eine Unverschämtheit.

Emotional ist der Ärger des Mitarbeiters nachvollziehbar. Was aber, wenn der Chef tatsächlich glaubt, dass er selbst für die gleiche Arbeit nur eine halbe Stunde gebraucht hätte? Hier hat der Mitarbeiter ein echtes Problem. Es ist das Recht und die Pflicht einer Führungskraft, die Mitarbeiterleistung zu beobachten, zu bewerten und gelegentlich auch infrage zu stellen. Der Mitarbeiter sollte sich nicht schmollend zurückziehen, sondern aktiv damit umgehen. Im eigenen Interesse muss er sich mit der Kritik konstruktiv auseinandersetzen und herausbekommen, was ihm der Chef wirklich sagen möchte.

Befreiungsstrategie 6:
Beharrlichkeit beim Verhandeln zeigen

Häufig bestätigt ein Chef zwar die Einschätzung, dass die Arbeit zu viel ist, betont jedoch, dass einfach alles wichtig sei und getan werden müsse, und schon zieht der Mitarbeiter mit eingezogenen Schultern frustriert von dannen. Hier empfehlen wir deutlich mehr Beharrlichkeit und Verhandlungsgeschick.

Wir lassen uns nicht mit Durchhalteparolen (siehe auch: verführerische Worte des Chefs Seite 32 ff.), ins Hamsterrad setzen wie z. B.

➜ »du hast recht, es ist viel, aber es hat alles Prio 1 – ich kann dir nichts davon wegnehmen«
➜ »diese Extrameile erwarte ich von dir«
➜ »es muss irgendwie gehen«
➜ »die anderen schaffen es doch auch«
➜ »wir haben alle zu viel Arbeit«

Statt uns aufzuregen, erkennen wir an seiner Reaktion lediglich, dass er unsere Situation (wir gehen ja bereits die Extrameile und wissen, dass es irgendwie gehen muss) noch nicht richtig erfasst hat. Wir atmen dreimal tief durch und bereiten uns auf die nächste Verhandlungsrunde vor.

Nun sollten wir prüfen, ob wir inhaltlich noch einmal nachbessern können. Nehmen Sie die Beraterperspektive ein und stellen Sie sich die folgenden Fragen:

Was will mein Chef eigentlich erreichen? Und wie kann ich ihm am besten helfen? Welche Lösung kann ich ihm vorschlagen, anbieten, empfehlen? Bauen Sie Ihre Argumentation entsprechend auf: Du willst ja … haben. Wenn wir es so … machen …

Wir bestätigen die Richtigkeit seiner Aussagen, stimmen zu, wo wir zustimmen können, und legen anschließend mit Zahlen, Daten, Fakten und Lösungsideen nach. Wir bleiben beständig konstruktiv, vermitteln überzeugend unsere Kompetenz und Einsatzbereitschaft, argumentieren unternehmerisch und ringen mit der Führungskraft nachhaltig um eine Lösung. Erst wenn er unsere

Möglichkeiten und Grenzen nachvollziehen kann, haben wir unser Ziel erreicht. Die Verantwortung liegt nun bei ihm und er wird eine Lösung vorschlagen (siehe Befreiungsstrategie 5: Den Vorschlägen der Führungskraft folgen).

Sollte der Chef allerdings eine vollkommen andere Einschätzung des benötigten Aufwandes zur Aufgabenbewältigung haben wie im eben beschriebenen Beispiel, dann haben wir die umgekehrte Aufgabe, nun seine Sicht genau zu hinterfragen und zu verstehen, wie er zu seiner Sichtweise kommt. Möglicherweise müssen wir selbst etwas an unserem Arbeitsstil, unserer Kompetenz oder unserem Verhalten ändern. Auch das ist natürlich nicht ausgeschlossen.

Befreiungsstrategie 7: Nein sagen, wenn etwas nicht geht

Das kleine Wörtchen »Nein« hat ein schlechtes Image. Nein sagen ist schwierig und verpönt. Der Empfänger wird mit seinem Anliegen zurückgewiesen. Die Gefahr besteht, dass er sich persönlich abgelehnt fühlt und das Nein zu einer Beziehungsstörung führt. Es gibt Menschen, die sich grundsätzlich schwertun mit dem Nein-sagen. Sie scheuen eine Auseinandersetzung, wollen hilfsbereit und freundlich sein und stellen im Zweifel lieber ihre eigenen Bedürfnisse hinten an, als dass sie die Bedürfnisse eines anderen nicht befriedigen. Um im Job professionell agieren zu können, brauchen wir die Fähigkeit, Nein zu sagen. Auch wenn ein Nein, besonders gegenüber dem Chef, schnell missverstanden werden kann. Es könnte der Eindruck entstehen, dass wir lustlos und zu wenig einsatzbereit sind. Der Boss könnte sich in seiner Führungsrolle nicht akzeptiert fühlen und ein Nein im allerschlimmsten Fall als Arbeitsverweigerung ansehen. Dann hätte der Mitarbeiter wirklich ein Problem. Die Kunst ist es, ein Nein so zu sagen, dass der andere den Grund für unsere Ablehnung sachlich nachvollziehen kann und sich gleichzeitig emotional von uns wertgeschätzt fühlt. Dieses Ziel verfehlen wir, wenn wir es versäumt haben, rechtzeitig eine Grenze zu setzen, und uns bereits im Hamsterrad befinden.

Wir reagieren dann nicht sachlich und logisch, sondern emotional.

→ Wir sprechen mit erhobenem Zeigefinger und kritisieren unser Gegenüber für sein Anliegen. »Siehst du nicht, dass ich eh schon viel zu viel zu tun habe ...«

→ Oder wir sprechen aus einer Opferhaltung heraus und jammern kindlich darüber, was uns unser Gegenüber antun möchte. »Was wollt ihr denn noch von mir? Ich mach eh schon seit Wochen ...«

→ Wollen wir entschieden wirken, klingen wir wie ein unfolgsames Kind, das die Autorität des anderen infrage stellt. »Das mach ich nicht. Da musst du dir jemand anderen suchen.«

Um vernünftig, erwachsen und freundlich Nein sagen zu können, müssen wir uns selbst und unser Gegenüber ernst nehmen. Sie finden hier nun eine konkrete Anleitung, wie Sie freundlich Nein sagen können.

Freundlich NEIN sagen nach Tanja Baum[8]

Freundlich NEIN sagen erfordert, ...

... die eigenen Bedürfnisse durchzusetzen und gleichzeitig die Bedürfnisse der Mitmenschen anzuerkennen. ... den anderen ernst zu nehmen und zu respektieren.

... gleichzeitig einer Forderung nicht nachzukommen und dadurch die Bedürfnisse des anderen nicht zu erfüllen.

Umso wichtiger ist es:

Dem anderen zu signalisieren, ich stehe deiner Angelegenheit nicht gleichgültig gegenüber!

Gehen Sie in fünf Schritten vor:

Sagen Sie eindeutig NEIN.

Reden Sie nicht um den heißen Brei herum.

Stellen Sie Ihr NEIN nicht an den Satzanfang. Das klingt sehr hart.

Besser: leider NEIN oder NEIN umschreiben:

es tut mir leid, aber ich kann nicht, ich bin ...

Zeigen Sie Mitgefühl.

Es tut mir leid, ...; Leider ...; Ich verstehe, dass Sie ...

Nicht: Ich würde ja gerne, aber ...; Nichts lieber als das, aber ...

Zeigen Sie Interesse an der Angelegenheit des anderen.

Damit wirken Sie ihm gegenüber nicht gleichgültig.

Aber: Zeigen Sie es erst **nach** dem NEIN.

★ Quickwin: Machen Sie sich schlau zu dem Thema und üben Sie fleißig.

Befreiungsstrategie 8:
Das Problem muss zum Entscheidungsträger

Vorsicht! Voraussetzung für diesen Eskalationsschritt ist, dass wir professionell, fundiert und gut vorbereitet mit konkreten Zahlen, Daten, Fakten und Lösungsvorschlägen mit der Führungskraft im Gespräch waren und uns bemüht haben, die Not vor Ort zu vermitteln. Ansonsten wäre eine weitere Eskalation noch nicht notwendig.

Wenn im Rahmen unserer Aufgabenerledigung ein Überlastungsproblem auftritt, machen wir uns automatisch Gedanken, wie das Problem zu lösen wäre.

Hier ein paar Möglichkeiten der Lösung:

→ Bestimmte Arbeiten werden nicht geleistet.
→ Aufgaben werden in einer geringeren Qualität geliefert.
→ Prozesse werden vereinfacht und damit beschleunigt.
→ Neue technische Möglichkeiten vereinfachen und beschleunigen die Arbeit.
→ Zusätzliche Mitarbeiter werden eingesetzt.

Können wir im Rahmen unserer Position nicht darüber befinden, müssen wir eine Entscheidung beim Vorgesetzten herbeiführen. Gelingt es uns nicht, die Verantwortung für die Lösung unseres Problems auf ihn zu übertragen, sind wir auf verlorenem Posten.

Ein Geschäftsführer hat dazu einmal eine interessante Einschätzung abgegeben. Er meinte, dass es in einem Unternehmen immer aus allen Ecken tönt, dass etwas nicht zu schaffen wäre. Das sei für ihn eine Art Grundrauschen, auf das er gar nicht mehr höre. Denn letztendlich geht es dann meistens doch irgendwie. Um bei ihm Gehör zu finden, bedarf es mehr. Das Thema muss aus dem allgemeinen Grundrauschen hervorstechen und zu ihm durchdringen. Erreichen wir das auch nicht mit der beharrlichen Anwendung der Technik des unternehmerischen Argumentierens (let's talk managerisch, wie in Befreiungsstrategie 4 Seite 112 ff. erläutert), müssen wir Tatsachen sprechen lassen.

Wir dürfen nun die Konsequenzen eines Missstandes nicht länger auf Kosten unserer eigenen Leistungsfähigkeit und Gesundheit verhindern, denn damit verbergen wir sozusagen den Ernst der Lage vor der Führungskraft. Die Folge ist, dass sie keine Notwendigkeit sieht, rechtzeitig entsprechende Maßnahmen zur Lösung einzuleiten.

Wir fragen uns nun, was passieren müsste, damit der Entscheidungsträger das Problem hat und nicht wir. Selbstverständlich gewährleisten wir, dass Menschen keinen gesundheitlichen Schaden nehmen. Wir suchen nach der geringsten Eskalation, die es gerade noch ermöglicht, die Aufmerksamkeit des Entscheiders auf unser Problem zu lenken. Und lassen es geschehen… Zum Beispiel sind dann wichtige, zeitkritische Unterlagen bis zum Abgabetermin nicht fertig, weil der Mitarbeiter, der krank ist, im Bett bleibt. Er legt die Verantwortung für die Folgen in die Hände des Entscheidungsträgers, dort, wo sie auch hingehört.

🌲 **Selbstreflexion:** Welche Probleme kann ich nicht lösen, weil ich keine Entscheidungskompetenz dafür habe? Wie kann ich das Problem an den Entscheidungsträger übergeben?

Befreiungsstrategie 9: Die eigene Organisation anpassen

Kennen Sie die Geschichte vom Bauern, der mit viel Anstrengung mit einer stumpfen Sense seine Wiese mäht? Ein Wanderer kommt vorbei und ruft ihm zu: »Bauer, du musst deine Sense schleifen, dann geht es leichter«. Darauf ertönt die mürrische Antwort des Bauern: »Ich habe es eilig. Dafür habe ich jetzt keine Zeit.«

Ähnlich vernachlässigen wir unter Zeitdruck die Pflege unserer eigenen Arbeitsorganisation. Sie ist jedoch die Grundlage für unseren beruflichen Erfolg und muss laufend den veränderten Anforderungen in unserem Aufgabengebiet angepasst werden. Werden die Arbeitsvorgänge komplexer, so müssen wir auch unser Ablagesystem ausweiten, wird die E-Mail-Flut größer, brauchen wir ein differenzierteres Ordnersystem, und wenn das Arbeitspensum zu groß ist, müssen wir richtig priorisieren. Spätestens wenn wir E-Mails aus den Augen verlieren, Unterlagen nicht mehr finden und bei jedem Vorgang mehrmals überlegen müssen, was der nächste Schritt ist, haben wir Handlungsbedarf. Bevor wir auf unser Umfeld unorganisiert und unzuverlässig wirken, sollten wir uns eine Auszeit nehmen und unsere Arbeitssystematik neu überlegen.

Es gibt unendlich viele hilfreiche Tipps zur besseren Arbeitsorganisation, die den Rahmen dieses Buches sprengen würden.

Hier nur zwei wesentliche Hinweise zum Thema Erreichbarkeit:

Unsere technische Ausstattung macht es möglich, dass wir jederzeit erreichbar sein können. Das heißt nicht, dass es auch so sein muss.

Wir brauchen für anspruchsvolle Arbeiten Zeiträume, in denen wir uns ohne Unterbrechung voll auf eine Sache konzentrieren können.

★ **Quickwin:** Bestimmen Sie Ihre ungestörten Arbeitszeiten. Blockieren Sie die Zeiträume in Ihrem elektronischen Kalender. Gehen Sie nicht ans Telefon. Schalten Sie Handy und E-Mail-Empfang aus.

Ebenso benötigen wir störungsfreie Entspannungs- und Regenerationszeiten, in denen wir von der Arbeit abschalten können. Bedenken Sie: Wenn Sie außerhalb Ihrer Arbeitszeiten erreichbar sind, greift Ihr berufliches Umfeld gerne auf Sie zu, und mit der Zeit wird es zur Selbstverständlichkeit.

★ **Quickwin:** Legen Sie die Zeiten Ihrer Erreichbarkeit fest. Kaufen Sie sich ein privates Handy und schalten Sie außerhalb Ihrer Arbeitszeit Ihr dienstliches Handy aus. Lesen Sie keine dienstlichen E-Mails in Ihrer Freizeit.

Das Ende der Gemütlichkeit, Teil 3

Lassen Sie uns nun gemeinsam überlegen, wie Lisa ihre Jobsituation unter Anwendung der beschriebenen neun wirksamen Befreiungsstrategien zu ihren Gunsten hätte verändern können. Sie kann ihren Chef nicht ändern. Ihre Macht liegt einzig und allein darin, sich selbst zu ändern und besser, vorausschauender, nachhaltiger und konsequenter für sich zu sorgen. Ändert sie ihr Verhalten, so verändert sich ihre Wirklichkeit und damit auch das Verhalten ihres Chefs.

Bevor Sie gleich erfahren, was Lisa aus unserer Sicht anders hätte machen können, überlegen Sie bitte vor dem Weiterlesen, welche Antworten Sie geben würden:

➡ War Lisa ein Opfer der Ereignisse ohne Handlungsalternativen?
➡ Hätte sie mit einem anderen Verhalten ihren Arbeitsplatz riskiert?
➡ Hätte sie ihr Ansehen beim Chef verloren?
➡ Wie hätte sich Lisa besser schützen können?
➡ Wann und wie hätte Lisa anders denken, fühlen, handeln können?
➡ Welche Lösungsmöglichkeiten hätte sie dem Chef aufzeigen können?
➡ Wann und wie hätte sie ihr Problem zu seinem Problem machen können?

Hier nun unsere Anregungen, wie Lisa vom Opfer der Geschehnisse zur Gestalterin ihrer Situation wird.

Die Krankmeldung einer Kollegin
Um spontan für einen kurzen überschaubaren Zeitraum eine Notlage zu überbrücken, ist es selbstverständlich, dass die Kollegen zusammenhalten und Mehrarbeit und höhere Belastung in Kauf nehmen. Lisa hat zu diesem Moment richtig gehandelt.

Die Verlängerung des Krankenstandes der Kollegin
Hier hätte Lisa überlegter an die veränderte Situation herangehen sollen. Zunächst sollte sie dem Chef aufzeigen, welche Konsequen-

zen die vergangenen Tage für sie und ihre Kollegin mit sich gebracht hatten und dass es nicht zumutbar ist, über längere Zeit zu zweit dreißig Tische zu bedienen. Sie sollte dem Chef auf alle Fälle die Notwendigkeit einer Aushilfe aufzeigen. Sie geht das Risiko ein, dass die kranke Kollegin wieder zurück ist, bis sie die Aushilfe vernünftig eingearbeitet hat. Doch die Gefahr, in eine Überlastungssituation zu kommen, ist größer als der Zeitverlust durch die Einarbeitung einer neuen Kollegin. Zudem trägt sie zur Fehleinschätzung des Chefs bei, bei dem der Eindruck entsteht, dass es auch mit zwei Kräften gut funktioniert.

Die Kündigung der zweiten Kollegin
Spätestens zu diesem Zeitpunkt sollte Lisa keine Bereitschaft mehr signalisieren, diese »mission impossible« zu übernehmen. Sie sagt freundlich aber eindeutig Nein zu seiner Anfrage und zeigt auf, dass ihr diese Anforderung zu viel ist. Es wird nicht schwer sein, dem Chef sachlich und konstruktiv aufzuzeigen, dass eine einzige Bedienung keine dreißig Tische bedienen kann. Außer Lisa steht sich mit einer der folgenden Eigenarten selbst im Weg:

➜ Sie leidet an Selbstüberschätzung und erkennt die »mission impossible« gar nicht als eine solche.

➜ Sie leidet unter Minderwertigkeitsgefühlen, die sie extrem bedürftig nach Lob und Anerkennung des Chefs machen, sodass sie bereit ist, alles dafür zu geben.

➜ Sie verfügt über wenig Selbstbewusstsein und hat Angst, dass ihr der Chef Arbeitsverweigerung unterstellt und sie als unmotivierte Minderleisterin fristlos kündigt.

➜ Sie hat ein sog. Helfersyndrom, welches ihr das Gefühl gibt, dass sie ihrem Chef aus der Patsche helfen muss.

➜ Sie scheut jegliche Auseinandersetzung, kann nicht Nein sagen und übernimmt die Aufgabe in vorauseilendem Gehorsam.

➜ Sie möchte everybodys Darling sein und den Chef nicht enttäuschen.

Ist sie von solchen Grundeinstellungen unbelastet, kann sie mit Zahlen, Daten, Fakten aufzeigen, dass sie diese Anforderung leider nicht bewältigen kann. Anschließend lässt sie den Chef nicht allein mit seinem Problem im Regen stehen, sondern denkt konstruktiv mit ihm über eine realistische Lösung nach. Sie unterbreitet ihm kreative Lösungsvorschläge wie beispielsweise ...

➜ Es braucht möglichst schnell eine weitere Bedienung und eine Aushilfe, die wenigstens das Geschirr wegräumt und die Tische reinigt.

➜ Bis dahin arbeitet der Chef übergangsweise selbst mit.

➜ Es werden Tische abgebaut (max. 15 Tische).

➜ Der Betrieb wird auf Selbstbedienung umgestellt.

➜ Der Betrieb schließt übergangsweise.

Keine Sorge, der Chef wird Lisa deswegen nicht fristlos kündigen. Zu diesem Zeitpunkt hat er noch eine hohe Meinung von ihr und schätzt sie als eine hervorragende und loyale Mitarbeiterin. Bleibt sie wertschätzend und kooperativ und spricht nun nicht wie ein kleines trotziges Kind mit ihm, welches sich gegen einen bösen Chef wehren muss, bleibt ihm nichts anderes übrig, als seine Mitarbeiterin ernst zu nehmen. Allerdings erfordert es den Mut, seine eigenen Grenzen der Belastbarkeit offen zuzugeben, und das Selbstbewusstsein, dazu zu stehen. Der Chef wird sicherlich noch einige Versuche starten, um Lisa von seiner ausweglosen Not zu überzeugen, und um ihre Hilfe bitten. Hier bleibt Lisa freundlich ablehnend. Sie wiederholt immer wieder, dass es leider nicht geht, und lenkt die Aufmerksamkeit des Chefs beharrlich auf ihre Lösungsvorschläge.

Der Ausnahmezustand wird zum Dauerzustand

Gelingt es Lisa trotz allem nicht, die »mission impossible« abzuwenden, bleiben ihr folgende Möglichkeiten:

➜ Sie kündigt, weil sie die Nase voll hat.

➜ Sie geht beharrlich jeden Abend mit dem Chef ins Gespräch und zeigt ihre Not vor Ort auf.

➜ Sie arbeitet ein paar Tage unter den unzumutbaren Bedingungen und zeigt damit ihren guten Willen. Bei den ersten Überlastungssymptomen (Schlafstörungen, Konzentrationsstörungen, Krankheiten) zögert sie nicht und meldet sich krank.

Spätestens jetzt ist das Problem dort gelandet, wo es hingehört, nämlich beim Chef. Er ist der Einzige, der die Macht hat, eine angemessene unternehmerische Entscheidung zu treffen. Dies wird er nun auch endlich tun.

Die Leistungsfähigkeit der Mitarbeiterin nimmt ab
Diesen Zustand sollte Lisa nicht erreichen. Erreicht sie ihn dennoch, sucht sie das Gespräch mit dem Chef. Sie zeigt ihm offen und ehrlich ihre Symptome auf und bekundet noch einmal ihren guten Willen, stellt dann aber entschieden die Grenzen ihrer Leistungsfähigkeit daneben. Sie bittet ihn um Unterstützung.

Das Streben nach einer nachhaltigen Lösung
Der Chef handelt vollkommen richtig, wenn er eine nachhaltige und zukunftsfähige, moderne Lösung für seinen Betrieb sucht. Die Überbrückung der Zeit, die er dafür benötigt, darf nicht auf Kosten der Gesundheit von Lisa gehen. Wenn ein Schaden nicht abzuwenden ist, sollte er dem Betrieb und nicht der Mitarbeiterin entstehen. Lisa überlässt die Verantwortung für ihr Wohlergehen nicht dem Chef, sondern übernimmt sie zu einhundert Prozent selbst.

Die nachhaltige Lösung ist gefunden
Der Chef hat seine Lösung gefunden. Lisa kann ihm ihre Gedanken zu dieser Lösung beratend zur Verfügung stellen. Aufgrund seiner Position obliegt ihm die Entscheidungsmacht, und Lisa muss seine Lösung umsetzen. Das kostet sie zunächst Zeit, Aufmerksamkeit, Lernbereitschaft und Lernfähigkeit. Wenn sie gut auf ihre Gesundheit und die Erhaltung ihrer Leistungsfähigkeit aufgepasst hat, so ist sie zu dem Zeitpunkt der Einführung der neuen Technologie noch

voll leistungsfähig und belastbar. Sie wird in der Lage sein, sich die geforderten Kompetenzen anzueignen und die neuen Gegebenheiten an ihrem Arbeitsplatz erfolgreich zu bewältigen.

Die Mitarbeiterin erwartet eine Anerkennung
Lisas Anerkennung durch den Chef drückt sich in ihrer monatlichen Gehaltsüberweisung aus.

ANALYSEFRAGEN ZUR KLÄRUNG EINER SCHWIERIGEN ARBEITSSITUATION

Was genau ist schwierig? Was sind die sachlichen Hintergründe?
Wie wird das Problem im Moment gelöst?
Welche Konsequenzen entstehen daraus?
Wer hat das Problem? Wer kann es lösen?
Wem entsteht welcher Schaden?
Wo gehört der Schaden hin? Wie kommt er an die richtige Stelle?
Was sind meine persönlichen Stolperfallen? (Seite 123)
Wie erlebe ich das Problem? Wie schätzt mein Chef die Lage ein?
Wie kann mein Chef meine Situation vor Ort möglichst realistisch erfassen?
Welche Lösungsvorschläge kann ich anbieten?
Wie gelingt es mir, kompetent und engagiert und nicht demotiviert und trotzig zu erscheinen?

Nicht immer haben wir selbst ein konkretes Problem am Arbeitsplatz. Manchmal sind wir auch »nur« von Problemen anderer umgeben. Dann leiden wir mit unseren Kollegen.

Das Unternehmen besser verstehen

Je besser wir als Mitarbeiter die Ereignisse im Unternehmen sachlich nachvollziehen können, desto entspannter können wir damit umgehen. Der Unternehmensalltag vollzieht sich nach ganz eigenen Regeln, die in sich schlüssig sind. So wie wir uns bei einem Gesellschaftsspiel vorab mit den Spielregeln vertraut machen, sollten wir die Grundregeln im Unternehmen kennen. Entscheidungen in einer

Firma werden aus sachlogischen Überlegungen mit dem Ziel der Stabilisierung, Gewinnmaximierung, Expansion und Zukunftssicherung getroffen. Auf persönliche Belange einzelner Mitarbeiter wird keine Rücksicht genommen, wenn beispielsweise der Firmensitz verlegt wird, Zweierbüros in Großraumbüros umgewandelt werden oder Unternehmensteile outsourct werden.

Hier sind die fünf wesentlichen Grundregeln im Unternehmen, auf die wir uns einstellen sollten:

Grundregel Nr. 1: Ein Unternehmen hat kein Herz.

Grundregel Nr. 2: Eine Firma handelt nicht gerecht.

Grundregel Nr. 3: Ein Unternehmen hat kein Gedächtnis.

Grundregel Nr. 4: Unser Produkt wird am Stellenmarkt gehandelt.

Grundregel Nr. 5: Ober sticht Unter.

Oberstes Ziel: Entemotionalisieren

Je klarer wir diese Regeln verstehen, desto besser sind wir vor emotionalen Enttäuschungen geschützt. Wir erkennen, dass wir nicht persönlich gemeint sind, wenn sich die Firma ändert. Wir denken dann anders über die Entwicklungen, fühlen uns dann anders und leiten andere Handlungen daraus ab. Wir verhalten uns professionell und reiben uns nicht länger persönlich an den großen Veränderungen in der Arbeitswelt, die wir nicht bremsen können, auf. Mit klugem Sachverstand realisieren wir unsere Möglichkeiten und Grenzen in dem »Unternehmenspiel« und finden eine angemessene Haltung dazu. Wichtig ist, dass wir nicht nur unsere Grenzen akzeptieren, sondern vor allem auch unsere Möglichkeiten nutzen. Es sind unsere enttäuschten, gekränkten Gefühle, die uns enorm viel Energie rauben, uns unseren Schwung und Elan nehmen und unsere Motivation zerstören. Und eben diese Gefühle verstellen uns den nüchternen Blick auf sich verändernde Rahmenbedingungen am Arbeitsmarkt, den wir so dringend benötigen, um uns immer wieder neu auszurichten und strategisch klug zu positionieren.

Schwer zu unterscheiden: Unlust, Inkompetenz oder Überlast

Zurück zu unserem Produkt: Bis die Führungsspitze wegen eines drohenden betriebswirtschaftlichen Schadens durch Burnout Handlungsbedarf erkennt, wird viel Zeit ins Land gehen. Viel Zeit, in der der Mitarbeiter aufgrund von Überlastung oder Überforderung in seiner Leistungsfähigkeit abbaut. Seine Schachtel bekommt sinnbildlich Dellen, Falten und Risse. Sie gerät aus der Form, wird unattraktiv und macht als »alte Schachtel« keinen guten Eindruck mehr auf den Chef. Am Arbeitsmarkt stehen einstweilen unverbrauchte, gut qualifizierte Kräfte zu günstigem Preis zur Verfügung – schöne, neue oder gepflegte, farbenfrohe Schachteln. Liegt da nicht der Gedanke nahe, dass man mit den anderen Arbeitskräften deutlich mehr bewegen könnte als mit den ausgepowerten, knittrigen, leistungsgeschwächten Erschöpften?

Die Symptome eines überlasteten Mitarbeiters sind unglücklicherweise genau die gleichen wie die eines unwilligen, faulen, frustrierten Angestellten. Das führt häufig zu Fehleinschätzungen durch die Führungskraft. Wie wir im Beispiel von Lisa gesehen haben, nimmt der Chef seine Mitarbeiterin ernst, solange sie seine beste Kraft ist. Klagt sie im geschwächten Zustand als fahrige, überforderte Kraft, hält er nicht mehr viel von ihr und nimmt ihre Argumente nicht mehr richtig ernst.

Um unseren Marktwert zu stabilisieren und weiter auszubauen, sollte es unser ureigenstes Interesse sein, unsere Leistungsfähigkeit frisch, knackig, modern und leistungsstark zu erhalten. Solange wir denken, dass der Arbeitgeber auf uns aufpasst, dieser andererseits voraussetzt, dass wir selbst auf uns aufpassen, sorgt sich keiner um unser Produkt.

Am besten übernehmen wir die Verantwortung für unser Produkt ab sofort zu hundert Prozent selbst und hüten es wie unseren Augapfel. Sorgen wir dafür, dass es auf dem aktuellen Stand der Zeit bleibt, keinen Schaden nimmt und insgesamt statt Wert zu verlieren durch Erfahrung und Wissen an Wert gewinnt.

Pflegeanleitung für meine Schaffenskraft

Eine gezielte Produktpflege setzt eine gute Kenntnis unseres Umfeldes voraus. Wie gerade beschrieben, müssen wir uns zunächst mit dem Spiel an sich vertraut machen. Bevor wir das Regelwerk studieren und uns eine Strategie zurechtlegen, versuchen wir die Spielidee, die besonderen Herausforderungen und das Ziel zu verstehen. Bei einem Unternehmen ist es wichtig zu verstehen, was es ausmacht und welchen Zweck es hat. Um seinem Unternehmenszweck zu dienen, wurden wir mit unserem Produkt einst eingekauft. Ein Unternehmen kauft uns nicht als Mensch ein, sondern als Mischung aus Fachwissen, Methodenkompetenz, Erfahrungsschatz, Soft Skills und Persönlichkeit. Wenn es für das Unternehmen einen Mehrwert bringt, investiert es in unsere Weiterentwicklung. Das eröffnet uns die Möglichkeit, unser Wissen zu erweitern und neue interessante Aufgaben zu übernehmen, Karriere zu machen und mehr zu verdienen. Wir sollten nicht nur auf Weiterbildungsangebote des Chefs warten, sondern aktiv mit eigenen Ideen mitgestalten und Einfluss darauf nehmen.

Immer wieder kommt es vor, dass die Firma unsere Leistung in der bisherigen Form nicht länger benötigt. Dann erwartet sie von uns die Flexibilität, uns am Unternehmensbedarf entlang weiterzuentwickeln. Es empfiehlt sich, unsere Produktpflege eigenverantwortlich und aktiv zu betreiben und kontinuierlich zu überprüfen, was wir tun können, um für unser Unternehmen langfristig interessant zu bleiben. Nachdem es ständig im Wandel ist, sollten wir einschätzen, welche Leistungen in der Zukunft gebraucht werden. In Vorbereitung auf ein Gespräch mit unserem Chef können wir uns folgende Fragen beantworten:

➜ Welche neuen Kenntnisse und Kompetenzen erfordert mein Arbeitsplatz jetzt und in Zukunft?
Was sollte ich lernen, um meinen aktuellen Arbeitsplatz zu sichern?

➜ Welche Entwicklungen zeigen sich am Arbeitsmarkt? Welche Kenntnisse werden grundsätzlich zunehmend notwendig? (Z. B. IT-Kenntnisse oder Englischkenntnisse als zusätzliche Qualifikation etc.)
Was sollte ich heute lernen, damit mein Produkt auch in Zukunft auf dem Arbeitsmarkt gesucht und attraktiv bleibt?

➜ Worauf habe ich Lust? Was würde ich gerne dazulernen?
Was sollte ich lernen, um an Aufgaben heranzukommen, die für mich attraktiv sind, weil sie meinen Vorlieben und Neigungen entsprechen und mir Freude bereiten?

Mithilfe dieser drei Fragen können wir Handlungsbedarf bzw. -möglichkeiten herausarbeiten und kontinuierlich Maßnahmen identifizieren, mit denen wir unser Produkt attraktiv und up to date halten. Wir bleiben am Ball, treten nicht auf der Stelle, »stauben nicht ein«, sondern entwickeln uns konsequent weiter in eine Richtung, die uns Spaß macht, und werden gleichzeitig zunehmend wertvoller für unser Unternehmen.

In der Regel sind es kleine Schritte, die in Summe zu einem erfüllenden Arbeitsleben beitragen. In den meisten größeren Unternehmen gibt es hierfür vorgesehene Mitarbeiterentwicklungsgespräche, die einmal jährlich zwischen Führungskraft und Mitarbeiter geführt werden sollen. In der Praxis nutzen Mitarbeiter diese noch viel zu wenig, um aktiv und gestaltend ihr Produkt zu pflegen.

Kleiner Exkurs: Welcher Mitarbeitertyp bin ich?

Der Krokodilstyp:

Er ist ein Einzelgänger, unabhängig, bindungslos und extrem wanderbereit. Strategisch klug lotet er seine Möglichkeiten aus. Er mag keine Routine, ist selbstbewusst, weiß, was er kann und wert ist. Gefällt es ihm in einem Fluss nicht mehr, weil er keine Nahrung mehr findet oder das Gewässer verschmutzt ist oder weil ihm langweilig wird, schwimmt er ganz pragmatisch ohne lange zu zögern aufs Geratewohl in den nächsten Flusslauf. Er sucht die Herausforderung.

Der Pinguintyp:

Er setzt auf soziale Bindungen, sucht Schutz in der Gemeinschaft, tauscht sich gerne aus, ist zuverlässig und seinem Rudel absolut treu. Er geht enge Bindungen und Freundschaften mit Kollegen ein. Für ihn sind die Arbeit und das Unternehmen die zweite Heimat und Familie. Beständig, leidensfähig und loyal weiß er, was er für die Firma tut, und erwartet, dass die Firma das zu schätzen weiß.

Der Zugvogeltyp:

Auch er legt Wert auf soziale Bindungen und Beziehungen, verbindet sich mit den Menschen, nicht aber mit der Firma. Er schließt sich mit Gleichgesinnten zusammen und sie ziehen weiter, wenn die Arbeitsbedingungen nicht mehr für sie stimmen oder sie spüren, dass sie im Unternehmen nicht mehr so erfolgreich sind. Sie suchen instinktiv das Weite und wenden sich fröhlich der nächsten Herausforderung zu. Sie vernetzen sich gerne mit anderen und pflegen die Kontakte über den gemeinsamen Arbeitgeber hinaus.

Der Faultiertyp:

Er ist froh, dass er seinen Platz gefunden hat und gut verdient. Faultiere haben sich an ihrem Arbeitsplatz fest eingerichtet, haben einen klaren Überblick über ihre Aufgaben und wissen, wie man sich schont und Mehrarbeit delegiert. Sie genießen die Bequemlichkeit der Routine und schätzen die Vorzüge des Insiders, der sich nicht mehr bewähren muss.

Übrigens: Ein Unternehmen denkt wie ein Krokodil.

Zukunftsherausforderung Nr. 1: Stressresistenz

Der Aufbau der Kompetenz Stressresistenz ist aus unserer Sicht die wesentliche Kernkompetenz der Zukunft. Unserer Einschätzung nach werden die Herausforderungen am Arbeitsmarkt zukünftig eher größer als geringer. Es wird von uns erwartet werden, dass wir auch in stürmischen, turbulenten Zeiten einen kühlen Kopf bewahren und leistungsstark bleiben. Aber nicht nur die Veränderungen in der Arbeitswelt, sondern auch die Veränderungen im Privatleben fordern uns. Fühlen wir uns überlastet, so entsteht dieses Gefühl meist aus einer bunten Mischung unseres aktuellen Lebens, welches sich im Job und im Privatleben abspielt.

TEIL IV
Wurzeln stärken:
Beherzt und konsequent in eine
neue Lebensqualität

Was Körper und Geist für ihre Balance brauchen

Immer dann, wenn wir mit einer unerwarteten Situation konfrontiert sind und unser Gehirn nicht augenblicklich eine geeignete Lösung parat hat, geraten wir aus dem Gleichgewicht und gehen auf Lösungssuche. Grundsätzlich sind Geist und Körper sehr gut für stressreiche Zeiten ausgestattet. Sie gehen neue Wege und wollen schnell Lösungen für neue Anforderungen und Stolpersteine finden. Nichts scheint unserem Gehirn wichtiger zu sein, als für Schwierigkeiten schnell Auswege zu finden und die Übersicht zu bewahren. Dafür kneten wir unaufhörlich Gedanken, bis uns endlich die passende Lösung in den Sinn kommt. Haben wir endlich das Lösungsbild, den Gedankenblitz oder einen strategischen Plan, kehren wir auch nach hohen Belastungen in Minutenschnelle, wie von Zauberhand, in die angestrebte Balance zurück.

Die Kombination von beruflichem und privatem Stress

Aber nicht immer ist das Leben ein Wunschkonzert, das wir frei gestalten können. Wir haben Verantwortungen und Verpflichtungen zu erfüllen und müssen neben den Anforderungen in der Arbeit noch andere Herausforderungen bewältigen. Z. B. wenn kranke Kinder oder der Streit mit dem Partner uns nicht zur Ruhe kommen lassen. Dauert dieser Zustand an, befinden wir uns in einer Stressreaktion, die sich nicht so leicht beheben lässt.

Wir arrangieren uns und streben nach der bestmöglichen Lösung, um so weit als möglich zur Ruhe zu kommen. Wir sind mit einer 70-Prozent-Lösung zufrieden und arrangieren uns mit den verbleibenden 30 Prozent an Belastung.

Während wir die eine oder andere Belastung gut wegstecken können, ist es für das Leben typisch, noch weitere Belastungen, mit denen wir uns arrangieren müssen, bereitzuhalten. Mit den Jahren addieren sie sich, und es braut sich ein Orkan zusammen, den wir in seiner Stärke meist nicht erahnen. Es ist die Summe von Belastungen oder die lange Zeitspanne, die uns müde werden und schließlich ausbrennen lässt. Oft kündigt sich die Erschöpfung mit psychosomatischen Beschwerden wie Rückenschmerzen, Verspannungen etc. langsam aber unaufhaltsam an. Kommen dann noch über einen längeren Zeitraum übermäßig hohe Anforderungen und Zeitdruck im Job dazu, gelingt es den Betroffenen immer schwerer, diese auszubalancieren. Dazu ein Beispiel aus meiner (Annette Schauer) therapeutischen Praxis.

▶▶ *In solch einer Situation befand sich Frau Monika K., die von ihrem Arbeitskollegen nur unzureichend informiert und bei Aufgaben ausgegrenzt wurde. Sie wollte sich beweisen, arbeitete härter und schneller. Schließlich nahm sie Arbeit mit nach Hause, um gut vorbereitet für den nächsten Arbeitstag zu sein. Dies führte dazu, dass ihr in ihrem Aktionismus immer mehr Fehler unterliefen. Sie konnte keinen klaren Gedanken mehr fassen und hörte niemandem mehr wirklich zu. Ihre Kollegen empfanden ihre Äußerungen als wirr und gingen ihr zunehmend aus dem Weg. Sie war für das gesamte Team zur Belastung geworden. Schließlich empfahl man ihr Coachings, um besser mit der Situation am Arbeitsplatz zurechtzukommen. Warum war Frau K. der Situation am Arbeitsplatz nicht mehr gewachsen? War die schwierige Zusammenarbeit mit ihrem Arbeitskollegen der einzige Auslöser für ihren Burnout?*

Im Coaching erfuhr ich, dass Frau Monika K. in ihrer Herkunftsfamilie die Erfahrung gemacht hatte, dann Zuneigung zu bekommen, wenn sie perfekt funktionierte. So war sie eine sehr gute Schülerin, studierte, heiratete und bekam vier Kinder. Alles funktionierte, bis die Firma ihres Mannes in Konkurs ging. Sie suchte sich wieder eine Erwerbstätigkeit in Teilzeit, erledigte ihre Aufgaben wie gewohnt, zog die Kinder groß, kochte, putzte etc. Irgendwann erging es ihr wie dem Hamster im Rad, sie konnte nicht mehr abschalten. Es kam immer häufiger zu Streitigkeiten mit ihrem Partner, eine Trennung wurde unausweichlich. Es folgten Sorgerechtsstreitigkeiten, Scheidungskrieg und finanzielle Sorgen. Als sie eine volle Anstellung in einer neuen Firma fand, war sie überglücklich und zeigte hohes Engagement. Alles ging gut, bis ihr Kollege begann, sie über längere Zeit auszugrenzen, was einem Mobbing gleichkam. Sie wollte sich beweisen und arbeitete in gewohnter Manier immer mehr, bis zur völligen Erschöpfung.

Auch Menschen, die nicht in solch schwierige Umstände geraten, stoßen an ihrem Arbeitsplatz an ihre Grenzen, wenn häusliche Probleme dazukommen; wenn z. B. Sorgen mit den Kindern oder ein kranker Partner, ein pflegebedürftiges Elternteil große Aufmerksamkeit erfordern. Dann haben wir keine Zeit mehr für Regeneration und Ausgleich.

Aber nicht immer meint es das Schicksal so hart, und normalerweise sind wir dank unseres Überlebensprogramms auch für stürmische Zeiten gut ausgestattet.

Wir verfügen über viele Regenerationsmechanismen

Schon vor Tausenden von Jahren verfügten Körper und Geist über Mechanismen, die uns Belastungen gut überstehen ließen. Damals wie heute galt es, schlau, schnell und gewitzt zu reagieren. Dem Menschen gelang es dank seiner Regenerationsfähigkeit auch in Urzeiten, sich wieder zu erholen und sein Leben ohne nennenswerte emotionale Schäden weiter zu führen und die Art zu erhalten. Ohne diese Fähigkeit wäre unsere Gattung wohl schon längst ausgestorben. Auch damals gab es, wenn auch in anderer Form, Herausforderungen, die es zu bewältigen galt. Wilde Tiere, Naturgewalten, Krankheiten und Tod forderten den Menschen heraus. Damit er alles unbeschadet überstehen konnte, entwickelten Körper und Geist ein ausgeklügeltes System, das über viele Jahrtausende hervorragend funktionierte. Es startet ohne unser wissentliches Zutun. Sind wir schlau und statten Körper und Geist mit den notwendigen Dingen, die er dafür braucht, ausreichend aus, wird die Regenerationsarbeit erledigt und wir können nach einer gewissen Erholungsphase wieder zum Gewohnten übergehen, bereit für neue Herausforderungen.

Auch bei Burnout-Betroffenen greifen diese Mechanismen, wenn man die notwendige Geduld aufbringt. Wie alle Prozesse braucht auch Regeneration Zeit und Muße. Um uns und unserer Geist-Körper-Allianz aber erst gar nicht in Bedrängnis zu bringen, empfehlen wir präventiv die Pflege ihrer Bedürfnisse. Das heißt, wir geben Geist und Körper, was sie brauchen, um auch in schwierigen Zeiten gut gewappnet und widerstandsfähig zu sein und wieder schnell in die Balance zu finden.

Dafür können wir viel tun. Wie dies geht, was dabei zu beachten ist, warum es funktioniert, lesen Sie in den folgenden Kapiteln. Wir geben das an Sie weiter, was sich in der Praxis bewährt hat und was in seinen Wirkmechanismen auch wissenschaftlich belegt ist.

Die gute Nachricht ist, Sie müssen nicht viel dafür tun. Aber Sie müssen es tun!

Damit die Theorie einen Weg in die Praxis findet, ist jedes Kapitel mit vielen Tipps und Übungen versehen. Am Ende des Kapitels finden Sie jeweils zur Veranschaulichung zwei Entscheidungsvarianten. Zunächst aber bitten wir Sie vorab um eine spontane Einschätzung. Wir wollen Sie dazu ermuntern, sich kurz Gedanken darüber zu machen, wie gut Sie die folgenden Bedürfnisse pflegen. Mit Ihrer ersten Einschätzung können Sie sehen, was Ihnen besonders am Herzen liegt, Ihnen vielleicht einmal sehr viel bedeutet hat, aber über die Jahre in Vergessenheit geraten ist.

Vier Koordinaten für Wohlbefinden und Widerstandskraft:

Bewertung auf einer Skala   1 (schlecht) – 10 (sehr gut)

1. Ernährung   Ist .... Ziel ....
Verbesserungspotenzial _____

2. Bewegung   Ist .... Ziel ....
Verbesserungspotenzial _____

3. Schlaf   Ist .... Ziel ....
Verbesserungspotenzial _____

4. Beziehungen   Ist .... Ziel ....
Verbesserungspotenzial _____

Für ein maximales Wohlbefinden sollten Sie alle Koordinaten ausgewogen und bestmöglich pflegen. Die Erfahrung zeigt, dass man zunächst die Koordinaten ausbauen sollte, denen wir im Alltag am wenigsten Aufmerksamkeit schenken. Erst dann gilt es, alle in einen optimalen Zustand zu bringen.

Sie sich nacheinander vorzunehmen oder nur einige zu 100 Prozent zu pflegen, bringt nicht die gleichen Resultate. Besser ist es, alle auf einen Stand von 80 Prozent zu bringen, als in einigen Bereichen einen Mangel zu belassen. Es reicht für unser Wohlbefinden beispielsweise nicht aus, uns sehr gut zu ernähren, wenn gleichzeitig ein chronisches Schlafdefizit herrscht. Wir würden nur den Mangel im Bereich Schlaf notdürftig ausgleichen. Wirkliches Wohlbefinden und Widerstandkraft können sich so aber nicht einstellen.

Um nichts in Vergessenheit geraten zu lassen, ist es ratsam, die Koordinaten immer wieder zu überprüfen und ins Optimum zu bringen. Notieren Sie sich jeweils Ihr persönliches Verbesserungspotenzial mit einer Aktivität, mit der Sie unmittelbar beginnen wollen.
Die einfachste und effektivste Abwehr gegen Stress und Erschöpfung

ist, die Regenerationsmechanismen zu aktivieren, mit denen Kopf und Körper reichlich ausgestattet sind. Die Ziele einer guten Pflege sind:

Mehr Energie und Leistungsfähigkeit, eine bessere Regeneration und Widerstandskraft, Steigerung der Immunabwehr, Verbesserung der kognitiven Fähigkeiten, Wohlbefinden, Ruhe und Gelassenheit.

Jedes der folgenden Kapitel ist einem Bereich für mehr Energie und Wohlbefinden gewidmet. Überprüfen Sie nach jedem Kapitel kurz noch einmal den jeweiligen Bereich auf seine Vollständigkeit. Sind alle Bereiche gut gepflegt, kann das so oder so ähnlich aussehen.

Koordinate »Ernährung«

Dass Burnout etwas mit der Überlastung der Psyche zu tun hat, ist gemeinhin bekannt. Welchen Stellenwert unsere Ernährung bei der Vorbeugung und Heilung von Burnout hat, wird häufig trotz wissenschaftlicher Belege vergessen oder außer Acht gelassen. Hier werden grundlos viele Chancen für den Erhalt unserer Leistungsfähigkeit und psychischen Gesundheit vertan. Es gibt unendlich viel Wissen darüber, was unserem Körper nützt und was ihm schadet. Die Aufklärungsrate ist hoch, wir wissen gut Bescheid, trotzdem greifen wir gerne zu den schnellen Sattmachern. 87% der Deutschen essen laut der Nationalen Verzehrsstudie des Bundesministeriums zu wenig Gemüse und 59% zu wenig Obst[9] Viele beklagen, dass ihnen Zeit und Muße dafür fehlen. Obwohl Frauen bekanntlich mehr auf ihre Ernährung achten, kommt auch bei ihnen eine ausgewogene Versorgung zu kurz. Würden wir die »innere« Körperpflege so wichtig wie die äußere nehmen, wäre viel gewonnen. 70% der Frauen ist ihr Aussehen sehr wichtig, und sie verbringen ca. 15–30 Minuten pro Tag vor dem Spiegel – die unter Dreißigjährigen sogar 60 Minuten[10]. Warum nicht einen Teil der investierten Zeit für die »innere« Körperpflege verbringen? Würden wir nur die Hälfte der Zeit fürs Gemüseschnippeln verwenden oder mit mehr Muße unseren Einkaufszettel planen, könnten wir ganz einfach einen vollwertigen Gang mehr auf unserem Ernährungskonto verbuchen, und das täglich. Wir würden in vielerlei Hinsicht profitieren. Mit unserer Ernährung können wir beeinflussen, wie vital wir aussehen, wie fit wir uns fühlen, zu welchen (Denk-)Leistungen wir in der Lage sind und wie stabil unsere Psyche ist. Nehmen wir die richtigen Nährstoffe, die unser Körper braucht, zu uns, können wir dank eines gut versorgten Nervenkostüms auch in herausfordernden Situationen Ruhe bewahren.

Vertun wir diese Chance und stellen Körper und Kopf nicht eine angemessene Auswahl an Nähr- und Vitalstoffen zur Verfügung, sind sie nicht in der Lage, genügend Energie zu generieren, und im Bedarfsfall werden wichtige Reparaturprozesse oder die Reizweiterleitung von Informationen nicht mehr erledigt. Dem Körper fehlen durch schlechte Nährstoffzufuhr einfach das Werkzeug und die Ersatzteile für notwendige Wartungsarbeiten, die dann nicht stattfinden. Dies macht sich schnell als Konzentrationsschwäche und Müdigkeit bemerkbar. Für Körper und Geist gilt das Gleiche wie beim Auto: Fehlt Treibstoff, Öl oder Wasser, bleibt es stehen. Genauso ist es bei einer Mangelernährung. Ist nicht genügend Treibstoff vorhanden, ist an Beschleunigung gar nicht mehr zu denken. Es gelingt uns vielleicht noch, den Alltag zu bewältigen, bei Herausforderungen müssen wir aber leider passen. Wir fühlen uns von Grund auf schlapp und müde und wollen einfach nicht mehr in die Gänge kommen.

Stress erhöht den Bedarf an Nährstoffen

Es ist wissenschaftlich erwiesen, dass wir bei Stress deutlich mehr Nährstoffe verbrauchen als in Ruhezeiten. Dies ist vergleichbar mit dem erhöhten Energiebedarf bei einer Alpenüberquerung mit dem Rad. Wir verbrauchen deutlich mehr Energie und Nährstoffe als bei einem gemütlichen Radausflug am Sonntagnachmittag.

> Unser Körper braucht immer dann mehr Vitalstoffe, Mikronährstoffe, Vitamine etc., wenn er besonders gefordert ist. Z. B. bei:
> → dauerhaft erhöhter Arbeits- oder Mehrbelastung
> → psychischem Dauerstress (vor allem Veränderungen in der Partnerschaft, in der Familie)
> aber auch bei:
> → chronischen Darmstörungen
> → chronischen Entzündungen
> → Rauchen und Alkoholkonsum.

Um einen erhöhten Verbrauch auszugleichen, sollten wir beim Essen auf eine hohe Nährstoffdichte achten und bewusst mehr B-Vitamine, Omega-3-Fettsäuren, Vitamin C, Calcium, Magnesium, Lecithin, Selen, Zink und bestimmte Eiweißkonzentrate zu uns nehmen. Unser Körper braucht ein ganzes Potpourri an Nährstoffen, um erhöhte Beanspruchungen abfedern zu können.

Generell sollten wir dabei vorausschauend wie eine Fluggesellschaft vorgehen, wenn sie Flugzeuge vor dem Start mit Treibstoff betankt. Kein Mensch würde ohne Bedenken in ein Flugzeug steigen, das gerade einmal mit der von Ingenieuren errechneten Menge an Treibstoff betankt ist, um bis zum Zielflughafen zu gelangen. Jeder würde einen Flieger vorziehen, der mit mehr Sprit ausgestattet ist, um bei Bedarf eine längere Ausweichroute zu fliegen oder bei schlechten Landebedingungen auf einen anderen Flughafen auszuweichen. Als Puffer gelten ca. 20 Prozent. Genauso vorausschauend sollten wir unseren Körper mit Gemüse, Obst und Ölen betanken. Besser mehr als zu wenig. Man weiß nie, was der Tag noch alles mit sich bringt.

Bei Stress greifen wir gern zum Kohlehydratkick

Mangelt es an Zeit, neigt der moderne Mensch leider schnell zur Nachlässigkeit. Die Auswahl an schnell und einfach mal nebenher zu konsumierenden Riegeln und Snacks ist riesengroß. Wer verspeist nicht gerne am Computer den Schokoriegel, um keine halbe Stunde an wertvoller Arbeitszeit zu verlieren. Der moderne Homo sapiens stellt seinen Körper gerne mit einfach zu konsumierenden, aber einseitigen Nahrungsmitteln zufrieden. Dummerweise neigt er besonders dann dazu, wenn der Nährstoffbedarf aufgrund stressiger Zeiten steigt. Das geht zwar einige Zeit gut und unser Körper tut sein Möglichstes, um den Mangelzustand zu überbrücken. Irgendwann macht er aber schlapp und beginnt zu streiken. Das Dilemma: Der Körper wird nun mit weniger statt mit mehr Nährstoffen versorgt.

Diese Nachlässigkeit führt für Hirn und Körper zu einigen Unannehmlichkeiten. Wir versorgen unser Denkorgan nicht mehr mit dem, was es eigentlich bräuchte. Durch die Kohlenhydrate befüllen wir uns mit Energie, die wir schnell abrufen können, gleichzeitig kurbeln wir damit aber unsere Insulinproduktion an und fallen in das nächste Tief. Ganz nebenher sammeln sich auch noch Pfunde um die Leibesmitte, und Bakterienstämme im Darm werden gefüttert, die uns mehr schaden als nützen.

Keiner will das, aber warum machen wir es wider besseren Wissens?

▶▶ *Folgende Geschichte ist typisch für Berichte nach Burnout oder nach hohen Belastungen:*

Lange Zeit vor ihrem Zusammenbruch fand Karla M. in ihren Arbeitspausen keine Zeit mehr für normale, geschweige denn gesunde Mahlzeiten. Sie arbeitete durch und vergaß zu essen und zu trinken. Wenn der Magen knurrte, behalf sie sich mit Schokoriegeln, Keksen oder einer Butterbreze. Müde nach dem harten Arbeitstag bestellte sie bei Lieferdiensten. Sie begann, sich regelmäßig Pizza kommen zu lassen und sich zur Entspannung ein Glas Wein zu gönnen. Sie ging kaum noch einkaufen und wollte sich nach der Arbeit keine Gedanken mehr übers Essen machen, geschweige denn zu kochen. Folge der durchaus schmackhaften, aber dennoch einseitigen Ernährung war, dass sie an Gewicht zunahm. Damit war sie eigentlich nicht einverstanden, beruhigte ihr Gewissen aber damit, dass es nur eine vorübergehende Phase sei. Diese dauerte länger, als sie ursprünglich angenommen hatte, letztendlich war sie mit ihrem Aussehen überhaupt nicht mehr zufrieden.

Trotz Energiezufuhr im Überfluss mit kohlehydrat- und fettreicher Ernährung schwand ihre Energie. Sie konnte sich schlecht konzentrieren und nicht mehr das leisten, was sie von sich gewohnt war. Sie vergaß immer öfter Dinge und hatte auch das ungute Gefühl, den Überblick verloren zu haben.

Schlechte Ernährung führt zu Leistungsminderung

Warum steht uns trotz hoher Energiezufuhr nicht mehr genügend Kraft zur Verfügung? Um die Zusammenhänge zu erfassen, machen wir nun eine kleine Exkursion in die Welt der Kraftstoffgewinnung unserer 70 Billionen Körperzellen.

Unsere Zellen, egal ob Gehirn- oder Darmzellen mit ihren völlig unterschiedlichen Aufgaben, haben einen Zellstoffwechsel, der der Energiezufuhr dient. Die Energieumwandlung ist immer dieselbe. Für die Verrichtung ihrer Arbeit benötigt jede Zelle Energie in Form von ATP (Adenosintriphosphat), die sie aus der Nahrung durch Umwandlung gewinnt. Dies geschieht in den Mitochondrien, den Kraftwerken der Zelle. Je nach Aufgabe und Spezialisierung ist eine Zelle mit einer unterschiedlichen Zahl von Mitochondrien ausgestattet. So verfügt eine Muskelzelle über bis zu 1500 dieser Kraftwerke, Gehirnzellen bis zu 5000 und die Eizelle als Hochleistungszelle sogar bis zu 120 000 dieser Energieumwandler. Für ihre Arbeit benötigen sie eine ausreichende Zufuhr von Zucker, Fettsäuren, Sauerstoff. Aber auch viele Mikronährstoffe, wie z. B. Magnesium, sind essenziell notwendig. Läuft die Energiegewinnung auf Hochtouren, fallen Abfallstoffe in Form von freien Radikalen an, die unsere Mitochondrien und Zellkerne attackieren und schwer schädigen. Auch für dieses Problem hat unser Organismus die passende Lösung. Antioxidantien wie Vitamin C, das wir mit unserer Nahrung aufnehmen, docken sich an die freigesetzten Radikale an und machen sie unschädlich. Sind ausreichend Antioxidantien vorhanden, werden die freien Radikale verpackt und unschädlich wie ein Speer in einem Geigenkasten zum Abtransport freigegeben.

★ **Quickwin:** Als Antioxidans übertrifft die Aroniabeere noch die Holunderbeere, die Brombeere und die wilde Blaubeere. Sie besitzt dreimal mehr an antioxidativen Anthocyanen als die Blaubeere. Zudem ist sie reich an den Mineralstoffen Kalium, Magnesium und Zink sowie den Vitaminen B1, B2, B6, Niacin und Panthotensäure[11]. Dank ihres hohen Gehalts an Nährstoffen wird ihr unter anderem auch eine positive Wirkung auf das Herz-Kreislauf-System, Darm, Blutzuckerstoffwechsel und Denkvermögen wie auch eine antibakterielle und antivirale Wirkung bescheinigt. Die gesunde Beere gibt es im Bioladen oder Reformhaus als Saft, getrocknet oder als Tee.

Stehen nicht genügend Antioxidantien und Nährstoffe zur Verfügung, greift unser Körper zu Plan B. Er schützt seine Zellen vor den Attacken, indem er sie veranlasst, ihre Energiegewinnung zu drosseln. Nun werden entsprechend weniger freie Radikale freigesetzt, und die Zellen laufen nicht mehr Gefahr, Schaden zu nehmen. Das kann so weit gehen, dass die Mitochondrien ihre Arbeit gänzlich einstellen und die Energiegewinnung ins Zellplasma verlagert wird. Hier ist aber die Energiebereitstellung enorm gedrosselt: Die Energieproduktion verfällt in eine Art Winterschlaf. Müdigkeit und Erschöpfung sind die Folge. Unser Körper weigert sich, mehr Energie zu generieren, und wartet einfach darauf, dass wir ihm wieder genügend Nährstoffe zur Verfügung stellen. Wie der Bär im Winterschlaf wartet er auf den kommenden Frühling. Kommt nichts, schläft er müde weiter.

Chancen einer guten Ernährung

Was die Auswirkungen schlechter Ernährungsgewohnheiten angeht, teilen Ratten unser Schicksal. Ein wissenschaftliches Experiment zeigte, dass Ratten, die über einen Zeitraum von vier Wochen mit Zucker und fetthaltigem Futter gemästet wurden, anfälliger waren für Hirnschäden und gleichzeitig auch geistig abbauten. Der genau gegenteilige Effekt wurde mit der Zugabe von Omega-3-Fettsäuren bewirkt. Ratten, die vier Wochen lang mit Omega-3-Fettsäuren angereichertes Futter bekamen, konnten Verletzungen des Nervengewebes deutlich besser kompensieren[12].

Dass Omega-3-Fettsäuren unsere Denk- und Gedächtnisleistungen positiv beeinflussen, ist weithin bekannt. Sie sind ein Bestandteil der Nervenzellmembran und sorgen für eine gute Arbeit der Neurotransmitter, die für die Weiterleitung von Informationen zuständig sind. Da unser Körper diesen Baustein nicht selber herstellen kann, sind wir auf die Zufuhr durch Nahrungsmittel angewiesen, vorausgesetzt, wir wollen, dass Gedächtnisleistung und Denkvermögen optimal funktionieren. Laut WHO leiden wir unter einem zunehmenden Mangel an dieser wertvollen Fettsäure. Es liegt aber nicht nur an unseren Ernährungsgewohnheiten, wir nehmen mit unserer Nahrung im Vergleich zu früher auch immer weniger davon auf. Noch vor 50 Jahren waren wir durch Milch und Butter gut mit der wichtigen Fettsäure versorgt. Dies ist heutzutage nicht mehr selbstverständlich, was mit der Ernährung unserer Kühe zusammenhängt. Sie nehmen die Vorstufen der Omega-3-Fettsäuren wiederum mit dem Gras auf der Weide zu sich. Da die gemeine Industrie-Kuh in den Stall verbannt wurde und das zu fressen hat, was ihr vorgesetzt wird, nämlich Mais, ist die Milch leider nicht mehr das, was sie einmal war. Auch der modernen Kuh fehlt es am richtigen Futter. An dieser Stelle raten wir zu Milch und Milchprodukten aus Biomilch, das freut nicht nur die Kühe, sondern auch unser Denkorgan.

★ Quickwin: Chia-Samen, auf den die alten Azteken schon schworen, enthält einen hohen Anteil an Omega-3-Fettsäuren. Schmeckt gut zum Müsli am Morgen und macht satt. Leinöl, kühl und dunkel gelagert, ist ein weiterer ausgezeichneter Lieferant für wertvolle Omega-3-Fettsäuren und eine gute, ökologisch sinnvolle Alternative zu Kaltwasserfischen wie Lachs und Makrele. Zum Braten verwendet man am besten Bratöl, für Salate etc. hochwertige Öle aus kalter Pressung. Alle Empfehlungen sind in guter Qualität im Bioladen erhältlich.

Generell sollten wir naturbelassene Lebensmittel der Saison in Bio-Qualität verspeisen.

Bei der Auswahl an Lebensmitteln könnten wir uns von den Asiaten einiges abschauen. Dort genießen die Nahrung und ihre Zubereitung einen viel höheren Stellenwert als hierzulande. Was auf den Tisch kommt, bestimmt nicht nur der Geschmack, sondern auch der Beitrag, den Gemüse, Kräuter und Gewürze für unsere Gesundheit leisten. Der Nutzen und die Heilkraft bestimmen die Zusammenstellung der Speisekarte. Inzwischen hat auch im Westen ein Umdenken begonnen. Wissenschaftler gehen den Inhaltsstoffen täglichen Essens auf den Grund und finden immer wieder neue Zusammenhänge zwischen Gesundheit, Fitness und Denkvermögen. Die Erkenntnis, dass Lebensmittel viel mehr sind als nur Geschmack, Sattmacher und Kalorien, hat ein paar schlaue Köpfe dazu bewogen, eine neue Einheit einzuführen, die den Gehalt eines Lebensmittels für die Gesundheit bemisst. Diese Einheit nennt sich Orac, ausgeschrieben Oxygen Radical Absorption Capacity. Je höher der Wert, umso besser ist das Lebensmittel für unsere Gesundheit. Als Tagesbedarf werden 5000–7000 Einheiten (μmol TE/100 g) täglich angegeben.

Zur gesunden Ernährung, die auch noch Denkleistung und Konzentrationsvermögen positiv beeinflussen, hier ein paar Anregungen:

Omega-3-Fettsäuren, für die Hirnpower: Enthalten in Leinsamen, Walnüssen, Chia-Samen, Kiwi, Algen, Lachs, Hering, Makrele

Flavonoide, die Allrounder: Dunkle Beeren wie Aronia, Holunder, Blaubeere, Schokolade, blaue Weintrauben, Gingkoblätter, Süßholzwurzel

Vitamin B6, B12, für die Nerven: B6 gibt's in Hefe, Fleisch, Bananen, Nüssen. B12 in Fleisch, Fisch und Eiern

Cholin, für das Gehirn: In Eigelb, Soja, Huhn, Kalbfleisch und Salat

Bei Mangel an geistiger Leistungsfähigkeit: Selen, auch als Stimmungsaufheller bekannt: Enthalten in Fisch, Fleisch, Eiern, Getreide, Hülsenfrüchten und Gurke

Bei chronischer Müdigkeit, geringer Stressresistenz, schlechtem Konzentrationsvermögen: Zink, das Universalgenie: Zu finden in Fleisch, Eiern, Käse, Haferflocken, Weizenkeimöl

Wirken ausgleichend bei Müdigkeit oder wenn wir nicht abschalten können: Rhodiola rosea (Rosenwurz), Ginseng, Taigawurzel, Shitakepilz, Maitakepilz

Es gibt unzählige Untersuchungen und Meinungen hinsichtlich guter Ernährung.

Als gesichert gilt aber: Die Basis für eine ausgewogene Ernährung sind Gemüse und Obst, am besten 5-mal täglich, zubereitet mit hochwertigen Ölen. Dann folgen Milchprodukte, Fleisch, Fisch, Eier, Nüsse. Danach Vollkornbrot, Kartoffeln, Reis etc. Das Schlusslicht bilden Naschereien und Alkohol.

Zwei Ernährungsvarianten

Zwei Entscheidungsmöglichkeiten für den Alltag: Lisa P. kommt spät abends nach einem langen Arbeitstag, je nach gewählter Variante mehr oder weniger erschöpft, nach Hause:

→ *Die Entscheidung nach dem Mangelprinzip:* Sie ist müde, hat tagsüber nur schnell einen Schokoriegel und Kaffee am Computer zu sich genommen. Nun hat sie keine Lust mehr zu kochen. Beim Lieferdienst etwas zu bestellen dauert ihr zu lange. Sie entscheidet sich für die Chipstüte und belohnt sich anschließend mit einer Tafel Schokolade für ihr Tagesengagement.

→ *Die Entscheidung mit Strebervariante:* Karla M. hat beschlossen, mehr auf ihre Gesundheit zu achten, sich Arbeitspausen zu gönnen und ihren Körper optimal mit Nährstoffen zu versorgen. Sie möchte ihre Mahlzeiten so gestalten, dass sie ihr keine Energie rauben, sondern zur Verfügung stellen. Darum achtet sie darauf, wenig Kohlenhydrate zugunsten viel gesunder Fette und einer reichlichen Vitalstoffzufuhr zu sich zu nehmen. Ihr intelligenter wie auch energiegeladener Speiseplan sieht in etwa so aus:

Frühstück:
Reife Früchte nach Saison und Geschmack, frisch oder gedünstet. Dazu etwas Kokosflocken oder andere geschrotete oder gemahlene Nüsse. Darüber einen Schuss wertvolles Öl, zum Beispiel Leinöl, Mandel- oder Kokosnussmus.

Zwischenmahlzeit:
Früchte: Obst, Nüsse, Kerne

Mittagessen:
Ein großer bunter Salatteller mit hochwertigen Ölen, dazu auch gerne Schaf- oder Ziegenkäse, Putenstreifen, je nach Lust und Laune; oder ein großer Gemüseteller mit geschroteten Kernen; oder eine oder mehrere Kartoffeln mit Quark und Leinöl, dazu einen kleinen gemischten Salat.
Zum Nachtisch Obst, Walnüsse und Blaubeeren.
Zwischenmahlzeit:
Früchte: Obst, Nüsse, Kerne

Abendessen:
Avocado aufgeschnitten mit Olivenöl und Balsamico;
Gemüsesuppe mit frischen Kräutern.

Die zwei Varianten unterscheiden sich im zeitlichen Aufwand.
Wir halten dafür: Ihr Körper wird es Ihnen mit Energie, schöner Haut, gesunden Haaren, einem stabilen Nervenkostüm und einem robusten Immunsystem danken. Wir empfehlen entschieden die Strebervariante.
Probieren Sie diese Empfehlung über zwei bis drei Wochen, Sie werden schon bald spüren, dass Sie auch wesentlich konzentrierter arbeiten und dabei ohne müde Tiefs und Hungergefühle auskommen.

★ Quickwin: Wenn wir wenig Zeit haben, sind die Cellagon-Säfte der Firma Berner eine gute Ergänzung für eine nährstoffreiche Ernährung. Sie decken den täglichen Bedarf an natürlichen Vitalstoffen ab und versorgen uns mit allen Nährstoffen, die wir brauchen. (Bezugsmöglichkeiten s. Anhang)

Unsere Trinkgewohnheiten –
Im Stress vergessen wir das Trinken

Damit das Gehirn gut arbeiten kann, will es gut mit Flüssigkeit versorgt werden. Obwohl es nur 2 Prozent der Körpermasse ausmacht, beansprucht es 20 Prozent des gesamten Stoffwechselgrundumsatzes. Aus gutem Grund: Es besitzt 100 Milliarden Nervenzellen, die durch ca. 100 Billionen Synapsen eng verschaltet sind.

Während unser Körper einen Wasseranteil von 70 Prozent aufweist, besteht unser Gehirn sogar aus über 90 Prozent aus Wasser. Wasser dient als Lösungs- und Transportmittel für Nährstoffe und für Sauerstoff. Um seine vielen Aufgaben schnell zu erfüllen, benötigt unser Gehirn ausreichend Flüssigkeit. Vergessen wir im Alltag, insbesondere in Stresssituationen, genügend zu trinken, leidet unser Denkvermögen. Wir können uns nicht mehr gut konzentrieren. Oft sind Kopfschmerzen die Folge von Wassermangel. Ein weiterer Grund für wenig Flüssigkeitsaufnahme ist, dass Durst mit Hunger verwechselt wird. Das hat zur Folge, dass wir Kalorien, die wir nicht brauchen, zu uns nehmen, uns im Gegenzug aber das dringend benötigte Wasser vorenthalten. Wir belasten damit unser Verdauungssystem unnötig und vernachlässigen unseren Wasserhaushalt.

Wieder eine kleine Entscheidungshilfe für Zeiten, in denen wir nur selten an unser eigenes Wohlbefinden denken: Karla M. hat einen anstrengenden Arbeitstag. Eine Besprechung jagt die nächste, dazwischen erledigt sie wichtige Telefonate. Sie hat Durst. Nun wählt sie aus folgenden zwei Entscheidungsmöglichkeiten:

➡ *Die Entscheidung nach dem Mangelprinzip:* Sie hat gerade nichts greifbar. Der alte Kaffee vom Morgen schmeckt nicht mehr. Im nächsten Moment vergisst sie, dass sie soeben noch Durst hatte. Sie trinkt nichts und hält durch. Ihre Arbeitskollegin stellt ihr einen Becher Kaffee hin, den sie dankbar annimmt. Durst hat sie immer noch, sie vermeidet es aber, ihre Arbeit zu unterbrechen.

→ *Die Strebervariante im Sinne einer intelligenten Ernährung:* Sie stellt sich jeden Tag einen großen Krug Wasser an ihren Arbeitsplatz und nimmt ihn auch in die Besprechungen mit.

Wir empfehlen die Strebervariante konsequent zum eigenen Nutzen: Für ein besseres Konzentrationsvermögen, höhere Denkleistung und weniger Müdigkeit und Kopfschmerzen.

★ **Ein Quickwin** zu guter Letzt: Kaufen Sie nur gesunde Lebensmittel, die unter normalen Bedingungen wachsen durften! Tragen Sie Ungesundes gar nicht erst über Ihre Haustürschwelle. Die Versuchung ist gering, für ein paar überteuerte Chips oder Süßes abends noch zur Tankstelle zu laufen.

Koordinate »Bewegung«

Dass wir Bewegung brauchen, wissen wir und muss eigentlich nicht erwähnt werden. Wie essenziell notwendig sie für unsere geistige und körperliche Gesundheit ist, ahnen wir vielleicht. Aber in ihrer ganzheitlichen Bedeutung für unser Wohlbefinden, unsere Kreativität, geistige Leistungsfähigkeit und Widerstandskraft wird sie unterschätzt. Es ist der Mechanismus, mit dem wir die Stoffwechselvorgänge im Körper ankurbeln, Energie generieren und mit unserem Verarbeitungsorgan, nämlich dem Hirn, in Balance kommen. Wenn wir gestresst und müde sind, glauben wir, Ruhe zu brauchen. Das stimmt auch so. Meist aber benötigen Körper und Gehirn ihre Auszeit in Form von körperlicher Bewegung, um notwendige Verarbeitungsmechanismen in Gang zu setzen und zu regenerieren.

Unsere Vorfahren waren ausschließlich zu Fuß unterwegs

Noch einmal zu unseren Vorfahren: Als sie vor vielen tausend Jahren noch zum Jagen und Sammeln gingen, taten sie das zu Fuß. Durchschnittlich legten sie dabei 20–30 Kilometer am Tag zurück. Auch auf der Flucht vor wilden Tieren oder anderen wenig wohlgesonnenen Zeitgenossen waren sie auf ihre zwei Beine angewiesen. Entsprechend wurden wir von Mutter Natur mit Muskeln, Sehnen und Hornhaut an den Füßen ausgestattet. Und für die Weiterverarbeitung der Geschehnisse mit einem Verarbeitungsmechanismus, der mit dem Laufen in Gang kommt. (Vgl. „Eine neue alte Anti-Stress-Technik: Bilaterale Stimulierung", S. 96)

Unser Gehirn ist bis heute darauf angewiesen. Es ist im menschlichen Programm noch nicht vorgesehen, am Computer sitzend auf Schnäppchenjagd zu gehen und uns per Paketsendung das Erlegte liefern zu lassen. Oder wie in den USA als Mittfünfziger die Wege auf einem 800-qm-Grundstück per Golfwägelchen zurückzulegen, um Buchsbäumchen zu gießen.

Im Schnitt geht der moderne Sitzmensch nur noch 500–800 Meter am Tag zu Fuß, das ist ihm definitiv zu wenig. Legen wir uns auf die faule Haut, müssen wir das büßen: Mit gesundheitlichen und kognitiven Einschränkungen. Wir werden faul und schlapp, antriebslos und unmotiviert. Die Produktivität unserer Mitochondrien (siehe auch S. 143) hängt auch eng mit unserer körperlichen Beanspruchung zusammen. Das heißt, Größe und Anzahl der Mitochondrien in den Zellen steigen mit körperlicher Beanspruchung um das bis zu Dreifache. Entsprechend mehr Energie steht uns dann zur Verfügung. Aus diesem Grund verfügen Menschen, die sich regelmäßig bewegen, über deutlich mehr Energie und gehen Herausforderungen aktiver an. Erschöpfungszustände sind seltener. Vernachlässigen wir unsere körperliche Fitness, sinkt die Zahl der Mitochondrien und wir haben weniger Energieeinheiten zur Verfügung.

Es bewegt sich wieder was

Die Mehrheit der Deutschen kommt wieder in Bewegung. Fitness-Studios, Tanzschulen und Zumba-Partys sind gut besucht. In den Parks tummeln sich trainierte Läufer und Walker jeden Alters, das Skitourengehen wird entdeckt, und die Mountainbiker erobern die Berge.

In den Städten sind die Räder als Fortbewegungsmittel auf dem Vormarsch. Volksläufe werden immer beliebter, und der Marathon, die Königsdisziplin der Ausdauersportarten, beschert Veranstaltern immer höhere Teilnehmerzahlen. Zwar sank die Zahl der schnellen Läufer in den letzten 20 Jahren, jedoch steigt die Zahl derer, die einfach etwas für ihre Fitness tun wollen[13]. Bei den großen Marathons in London, New York, Berlin und Paris gehen bis zu 40 000 Läufer an den Start, und sie sind schon Monate vor dem Start ausgebucht. Die wachsende Zahl der »Genussläufer« startet dann in den hinteren Spaßblöcken. Ziel ist nicht, als Erster ins Ziel zu flitzen, sondern die Fitness und der Spaß an der Sache. Dabei sein ist alles.

Dieses Umdenken ist bereits gesundheitlich messbar und schlägt sich auch statistisch nieder. Trotz älter werdender Bevölkerung sinken die Zahl an Herz-Kreislauf-Erkrankungen und die Fehltage am Arbeitsplatz. Viele Firmen setzen auf Bewegung und körperliche Fitness und machen ihren Mitarbeitern entsprechende Angebote, aus gutem Grund.

Wir brauchen Ausdauersport

Kraftsportarten erhöhen die Muskelmasse und Kraft, aber in Bezug auf unser Wohlbefinden können sie nicht die Pluspunkte verbuchen wie Sportarten, die unsere Ausdauer trainieren. Trainieren wir sie, so verdoppeln sich unsere Chancen, länger und gesünder zu leben. Dies geht aus zahlreichen Studien hervor, die Läufer und Nichtläufer genau unter die Lupe genommen haben. Das Laufen scheint uns wie keine andere Bewegung auf den Leib geschneidert zu sein. Experten meinen, wir bräuchten ca. 10 km Auslauf pro Tag, um von »artgerechter Haltung« sprechen zu können. Fehlt uns die Bewegung, werden wir leider Opfer der sogenannten Zivilisationskrankheiten, inklusive Burnout und Depressionen.

Gute Gründe für mehr Bewegung

Bereits 30 Minuten tägliches strammes Gehen oder Laufen wirken sich messbar auf unsere körperliche und geistige Fitness aus, nicht nur unsere Mitochondrien stellen mit wachsender Zahl und Größe mehr Energie bereit. Schon beim Gehen wird 30 Prozent mehr Blut ins Oberstübchen gepumpt, so der Fitnesspapst Dr. med. Ulrich Strunz[14]. Wohl jeder kennt den erfrischenden Effekt eines Spaziergangs an frischer Luft am Abend.

Bevor wir näher auf die Wirkungsmechanismen in Bezug auf Stress und Burnout eingehen, zunächst noch ein paar gute Gründe, sich wieder mehr zu bewegen:

➜ Laufen verbrennt Fett, das ist oft der Grund, weshalb man beginnt, seine Ausdauer zu trainieren. Zusätzlich bremst Bewegung den Hunger. Die Ausschüttung des appetitanregenden Hormons Ghrelin wird unterdrückt, dafür wird Serotonin ausgeschüttet, das Glücksgefühle fördert und den Hunger dämpft. Serotonin ist wiederum ein Gegenspieler des Stresshormons Cortisol. Während Menschen, die nach einer Stressreaktion ihre bereitgestellte Energie durch Gehen oder Laufen abbauen, schlank bleiben, müssen die Stresshocker mit Übergewicht kämpfen. Die durch Stress bereitgestellte Energie wird nicht verbraucht, sondern als ungesundes Bauchfett wieder eingelagert.

➜ Ausreichende regelmäßige Bewegung, am besten über viele Jahre, senkt unser biologisches Alter um bis zu 20 Jahre. Die Schutzkappen an den Chromosomen, Telomere genannt, werden länger. Je länger sie sind, umso höher ist unsere Lebenserwartung. Ausreichende Bewegung heißt mindestens fünf Stunden pro Woche aktiv werden.

➜ Zum einen senkt Ausdauersport auch den Blutzucker- und Insulinspiegel, was sehr positive Auswirkungen auf unsere Gesundheit hat, zum anderen verbessern sich mit der Diabetesprophylaxe auch unsere kognitiven Leistungen. In einer Studie der TU München mit 4000 Teilnehmern, die die 55 bereits überschritten hatten, sank das Risiko, an Demenz zu erkranken um die Hälfte. Die Teilnehmer mussten sich dafür dreimal in der Woche bewegen[15]. Durch das Laufen verdichtete sich das neuronale Netzwerk wieder, was die Teilnehmer in den kognitiven Tests besser abschneiden ließ.

→ Mit der Bewegung steigt die Durchblutung, und Gehirn, Muskeln und Organe werden besser mit Sauerstoff versorgt. Die Blutgefäße werden gereinigt, und Fettablagerungen lösen sich.

→ Lunge, Herz und Muskeln werden trainiert und gewinnen an Kraft und Ausdauer. Wir atmen tiefer, der Körper formt sich. Unser Herzmuskel wird gekräftigt. Nach einer Studie der Stanford-Universität haben Läufer dreimal mehr Herzkranzgefäße mit einem 2,5-mal weiteren Durchmesser. Dadurch sinkt das Risiko, einen Herzinfarkt zu erleiden, erheblich.

★ Quickwin: Mit Bewegung klappt auch das Lernen besser. Das Einmaleins, Vokabeln oder der nächste Vortrag lassen sich im Gehen viel besser abspeichern als im Sitzen. Viele Experten gehen davon aus, dass sich Lern- und Konzentrationsschwierigkeiten auf mangelnde Bewegung zurückführen lassen.

Argumente mit gesundheitlichen Aspekten ließen sich noch beliebig erweitern, es gibt unzählige Studien, die den Nutzen von Bewegung für Wohlbefinden und Gesundheit eindrucksvoll belegen.

Aber welchen speziellen Nutzen haben wir von Bewegung, wenn wir uns im Stress befinden, von einem Meeting zum nächsten rasen oder nur noch energielos und ausgelaugt im Sessel versinken?

Nach Stress hilft Laufen

Die Gefahr, in einen Burnout oder in eine Depression zu geraten, steigt mit zunehmendem Bewegungsmangel. Bei lang anhaltenden Erschöpfungszuständen findet unser Gehirn nicht mehr in die Balance. Noch einmal zur Erinnerung: Mit Anspannung und Stress wird Cortisol in die Blutbahnen ausgeschüttet. Energiereserven werden aktiviert und in den Blutbahnen für Kampf oder Flucht bereitgestellt. Nun kommt Bewegung ins Spiel.

Kämpfen wir oder laufen wir davon, wird die bereitgestellte Energie verbraucht. Cortisol wird abgebaut, das Stresssystem fährt herunter. Durch die körperliche Aktivität und die erfolgreiche Bewältigung der Herausforderung wird Serotonin ausgeschüttet. Dieser Verlauf einer Stressreaktion beschert uns in der Regel Glücksgefühle, Zufriedenheit und Ruhe. Wir sind wieder in Balance.

Gehen, laufen oder jede körperliche Aktivität, wie Rad fahren, schwimmen, wandern, senkt den Cortisolspiegel nachweislich. So einfach ist das. Ziehen Sie sich ein paar Schuhe an und los geht's. Es ist nie zu spät, um anzufangen!

Zwei Strebervarianten

In diesem Kapitel werden zwei Strebervarianten vorgestellt. Sie sollen erst gar nicht auf den Gedanken gebracht werden, sich mit weniger zufriedenzugeben.

Die kleine Strebervariante:
Gehen oder laufen Sie täglich mindestens eine halbe Stunde. Das ist nicht viel. So viel Zeit muss sein. Wenn Sie glauben, Sie hätten keine Zeit, dann fragen Sie Ihren Partner oder Freunde. Sie werden Ihnen spontan viele Möglichkeiten aufzählen, wie Sie eine halbe Stunde Bewegung in Ihrem Alltag integrieren können. Ergreifen Sie darüber hinaus jede Möglichkeit, um Bewegung in Ihren Alltag zu integrieren, dann müssen Sie nicht immer das volle Sportprogramm absolvieren.

Die große Strebervariante:
Sie toppt die erste Variante um ein Vielfaches. Oder laufen Sie täglich und stimmen Sie Ihre Geschwindigkeit auf die Ausschüttung von Hormonen ab. Das funktioniert nach Dr. Strunk so:

➜ *Laufen im ersten Gang*
Langsames Laufen setzt die Serotonin-Ausschüttung in Gang. Alles erscheint distanzierter, man gewinnt gesunden Abstand

und eine Draufsicht auf den Alltag. Mit dem Glückshormon stellt sich Heiterkeit ein, die Lust aufs Laufen und mehr im Leben macht. Sie laufen bei 60–70 Prozent Ihrer max. Pulsfrequenz.

➔ *Laufen im zweiten Gang*
Schalten Sie in den mittleren Gang und erhöhen Ihr Tempo, so richtet sich die Wahrnehmung nach innen. ACTH, das Kreativitätshormon, wird ausgeschüttet. Es hilft für neue Sichtweisen, senkt Blutdruck und Puls und entspannt den Körper. Der Geist wird wach und klar. Sie laufen bei 70–80 Prozent Ihrer max. Pulsfrequenz.

➔ *Laufen im dritten Gang*
Im dritten Gang wird das Tempo auf 80–90 Prozent des Maximalpulses erhöht. Endorphine werden ausgeschüttet und lassen die Anstrengung und schmerzende Muskeln vergessen. Sie befinden sich im Glücksrausch.
Bitte beachten Sie beim Laufen im dritten Gang unbedingt Ihre Kondition, gesundheitlichen Möglichkeiten und den Trainingsstand, in dem Sie sich befinden! Sie sollten keinesfalls untrainiert mehr als 5–10 Minuten in dieser Pulsfrequenz laufen.

Koordinate »Soziale Beziehungen«

Stabile Beziehungen bilden das Fundament
Bereits nach der Geburt beruhigt uns der Herzschlag unserer Mutter. Menschen, die in früher Kindheit viel Zuwendung in Form von Streicheln und Zuneigung erfahren, wachsen und gedeihen besser. Sie können besser und konzentrierter lernen, haben die besseren Kontakte zu Gleichaltrigen, verhalten sich einfühlsamer und sind weniger aggressiv. Auch viel später im Erwachsenenalter haben Zuwendung und Aufmerksamkeit Auswirkungen auf unser Leben.

Zärtlichkeit gegen den Stress

Bei zärtlicher Berührung wird das Kuschelhormon Oxytocin ausgeschüttet. Dies ist die Partnerlösung in Zeiten von Stress und Krisen. Das Oxytocin ist der Gegenspieler zum Stresshormon Cortisol. Gelangt es in unsere Blutbahnen, beruhigen wir uns, fühlen uns unmittelbar sicherer und können die Dinge wieder gelassener angehen. Zudem ist es als Bindungshormon oder Treuehormon bekannt. Bereits nach der Geburt wird dieses Hormon aktiv, um die Mütter eng an ihre Neugeborenen zu binden. Es lässt im Laborversuch sogar rüde Rattenmännchen zahm und liebevoll werden.

Auch in der Partnerschaft sorgt es für stabile Beziehungen und Treue. Wir wissen, dass wir uns auch in schwierigen Zeiten auf eine stabile Beziehung bauen können und jemanden an unserer Seite haben.

Gerade in belastenden Situationen sind zärtliche Berührungen die beste Medizin für Ruhe und Gelassenheit. Alles scheint nur noch halb so schlimm, wir sind nicht mehr so schnell versucht, unser natürliches Überlebensprogramm für den vermeintlichen Tiger-Angriff zu starten, und bewahren einen kühlen Kopf. Dies konnten Schweizer Forscher[16] bei einer Untersuchung eindrucksvoll belegen. Sie testeten Frauen im Alter zwischen 20 und 37 Jahren, die schon mindestens ein Jahr mit ihrem Partner zusammenlebten, und teilten sie in drei Gruppen ein. Die ersten hatten vor dem Stresstest keinen Kontakt mit ihrem Partner, die zweiten wurden von ihrem Partner vor dem Test durch gutes Zureden ermutigt. Die nächste Gruppe hatte in Form von einer zärtlichen Massage an Hals und Schultern Körperkontakt. Nach dem Belastungstest zeigte sich, dass diejenigen, die von ihrem Partner berührt wurden, während der Stressphase deutlich weniger Cortisol im Speichel hatten. Auch der Herzschlag beschleunigte sich deutlich geringer als bei jenen Frauen, die von ihrem Partner »nur« verbal unterstützt wurden. Bei ihnen zeigte sich die gleich hohe körperliche Stressreaktion wie in der Testgruppe ohne Kontakt zum Partner. Das heißt, gutes Zureden allein hilft nicht viel, besser ist es, zu kuscheln und zu streicheln. Dabei ist es übrigens egal, ob wir gestreichelt werden oder selber streicheln.

Positive Bindungen und Beziehungen veranlassen die Ausschüttung chemischer Botenstoffe mit einem weiteren erheblichen Vorteil: sie reduzieren aggressives Verhalten. Der Wissenschaftler Panksepp hat festgestellt, dass in Kulturen, in denen viel gekuschelt wird, ein geringeres Maß an Aggressivität besteht als in Kulturen, in denen körperliche Nähe und früher Sex unterdrückt oder sogar bestraft werden.

Gesundheit dank guter Beziehungen

Glückliche Partnerschaften sind der beste Schutz vor gesundheitsschädlichen und negativen Auswirkungen von chronischem Stress. Bei einer Untersuchung wurden der Gesundheitszustand von Männern und ihre Paarbeziehung genauer unter die Lupe genommen. Es wurde festgestellt, dass eine gute und liebevolle Partnerschaft unmittelbare Auswirkungen auf die Gesundheit hat. So erlitten unter den Männern, die ihre Beziehung als liebevoll und positiv beschrieben, nur halb so viele einen Herzinfarkt als diejenigen, die ihre Partnerschaften als weniger zärtlich beschrieben. Sogar Raucher waren in glücklichen Beziehungen weniger anfällig für typisch stressbedingte Erkrankungen als Asketen in lieblosen oder gar belastenden Beziehungen[17].

★ **Quickwin für Paare:** Allein eine liebevolle Begrüßung nach einem anstrengenden Arbeitstag reicht aus, um den Cortisolspiegel deutlich zu senken und entspannt in den Feierabend zu gehen.

★ **Quickwin für Singles:** Die Erfahrung lehrt, dass es klüger ist, potenzielle Partner statt aus der Ferne im direkten Kontakt zu testen. Denn: Küssen ist gut für das Immunsystem. Es werden zwar bei einem Zungenkuss fünfzigtausend Mikroben ausgetauscht. Glücklicherweise sind die wenigsten von diesen Keimen Krankheitserreger, sie trainieren lediglich unsere Abwehr.

Noch mehr Gründe für Beziehungspflege

Neben den vielen Vorzügen bieten uns Beziehungen und Freundschaften auch die wunderbare Erfahrung, bedeutend und wichtig für jemanden zu sein. Viele Menschen suchen und finden ihre Bestätigung ausschließlich im Beruf. Dort können sie durch hohes Engagement und Kompetenz Anerkennung erlangen. Erfährt man Anerkennung und Bestätigung ausschließlich über die Arbeit, birgt es ein hohes Risiko. Nach dem vorübergehenden oder endgültigen Ausscheiden aus dem Berufsleben steigt die Gefahr, in eine Depression zu fallen, deutlich an. Es kratzt enorm an unserem Selbstwert, wenn wir für niemanden mehr Bedeutung haben. Wir empfinden uns dann nicht mehr als wertvolles Mitglied der Gesellschaft, und selbst Freizeitaktivitäten verlieren oft ihren Sinn für den Betroffenen. Auch durch Veränderungen an unserem Arbeitsplatz, durch Umstrukturierung oder Veränderungen unseres Aufgabengebietes kann es immer wieder einmal dazu kommen, dass wir uns überflüssig fühlen. Wir sind gut beraten, uns dann schnell ein anderes Aufgabenfeld zu erschließen, wo wir gebraucht werden.

Es ist zu empfehlen, unsere Bedeutsamkeit präventiv auf mehrere Felder zu verteilen. Besonders unser soziales Umfeld bietet eine breite Palette der Einsatzmöglichkeiten. Ob wir uns um unsere Eltern kümmern, mit unserer Nichte Mathe lernen, beim Tennisverein Kassenwart machen oder uns ehrenamtlich engagieren. Die Möglichkeiten, sich bedeutsam und wertvoll zu erleben, sind schier unbegrenzt. Solange wir Kinder großziehen, in einer Beziehung leben und unsere Familien und Freundschaften pflegen, sind wir gut ausgelastet und laufen nicht Gefahr, uns als überflüssig zu erleben. Es ist jedoch wichtig, immer wieder die aktuelle Situation zu reflektieren und genau zu überprüfen, ob wir in unserem Tun und Aktivitäten nicht zu einseitig werden.

Gerade wenn wir längerfristig in einer anstrengenden Arbeitssituation stecken und abends nur noch erschöpft Ruhe auf der Couch suchen, neigen wir dazu, soziale Kontakte zu vernachlässigen. Die eigene Mutter wird zum Zeitfresser und die Kinder zu Monstern, das offene Ohr für die Freundin oder die Eltern werden schnell zur lästigen Pflicht. Wir liegen dann lieber auf der Couch, als gemeinsam mit Freunden zu feiern. Die Arbeit entwickelt sich zum Dreh- und Angelpunkt.

Oft ist der soziale Rückzug der erste Vorbote für einen beginnenden Burnout. Wir haben noch viel zu tun, die Abrechnung muss fertiggestellt, das Protokoll geschrieben werden. Wir sagen Termine mit Freunden ab oder schicken den Partner allein ins Konzert. Oder wir können Verabredungen oder den Austausch nicht mehr genießen, weil wir besser doch noch die Sachen hätten erledigen sollen. Irgendwann können wir nicht mehr abschalten, auch wenn wir es noch so wollen. Dies sind erste Anzeichen, dass etwas nicht stimmt. Klüger wäre es dann, das Gleiche wie so mancher Kollege zu tun: Während wir noch unser Bestes geben, liegen sie schon entspannt in der Sauna, lesen ein Buch, treffen sich mit Freunden zum Bowlen, laufen mit dem Hund eine Runde im Wald oder lassen sich gar die Fingernägel lackieren. Wir täten gut daran, die ersten Anzeichen nicht zu ignorieren, unseren Tagesablauf kritisch zu hinterfragen und unsere Gewichtung von aktivem Engagement und eigenen Bedürfnissen zu verändern.

Aber auch dann, wenn wir diesen Zeitpunkt versäumt haben und die Begleiterscheinungen hoher Belastung uns bereits das Leben schwer machen, sind Freunde eine wundervolle Unterstützung, ohne die oft nichts mehr geht. Vielen gelingt es, durch gute freundschaftliche Beziehungen wieder Mut zu fassen und Kraft zu schöpfen.

Vor allem das Lachen gelingt uns leichter mit Freunden und Kollegen. Es bremst mit sofortiger Wirkung die Ausschüttung von Stresshormonen und schenkt uns wieder Gelassenheit. Die Erfahrung zeigt: Haben Menschen vor einem Burnout viele gute Beziehungen und gelten bis dahin als hilfsbereite und gern gesehene Zeitgenossen, so können sie auf vielseitige gute zwischenmenschliche emotionale

Erfahrungen zurückgreifen. Werden diese, z. B. mit bilateralen Techniken, siehe Seite 98, gezielt abgerufen und aktiviert, können die Betroffenen schneller wieder an positive Erfahrungen andocken und in ihren Alltag integrieren. Sie haben deutlich bessere Chancen, sich schneller zu erholen, als Menschen, die nur wenige, instabile Beziehungen haben. In der Arbeit mit Burnout-Klienten hat sich gezeigt, dass für das schnelle Erreichen eines »Normalzustands« gute zwischenmenschliche Beziehungen eine der wichtigsten Bausteine einer effizienten, guten Ressourcenarbeit sind.

Aktives Ressourcenmanagement

Einige Tipps, wie wir Beziehungen als Ressourcen gezielt nutzen können, am Beispiel einer Studentin mit Burnout-Symptomen:

▶▶ *Valentina M. hat ihre Schule mit einem guten Abiturzeugnis verlassen. Dafür hat sie nicht allzu viel Zeit aufgewendet. Durch ihre strukturierte Arbeitsweise gelang es ihr, mit wenig Aufwand gute Noten zu erzielen. Weil sie nicht so recht wusste, was sie nach dem Abitur anfangen sollte, machte sie noch eine Lehre. Ausbildung und Beruf machten ihr zwar Spaß, aber sie wollte mehr. Also schrieb sie sich an der Uni ein und begann mit den besten Vorsätzen zu studieren. Ihr Ziel waren beste Noten, und dafür gab sie alles. Nach den ersten Semesterprüfungen war sie ausgelaugt, aber glücklich, schließlich hatte sie ihr Ziel erreicht und einen sehr guten Notenschnitt. Bis zu den Bachelor-Prüfungen gab sie ihr Bestes, sie lernte viel, hatte dabei aber immer das Gefühl, nicht genügend vorbereitet zu sein. Während ihre Kommilitonen feiern gingen, lernte sie zu Hause. Sie konnte sich immer schlechter konzentrieren, zunehmend plagten sie Ängste zu versagen. Beim Gedanken an die bevorstehende Prüfung bekam sie Herzrasen.*

Wie kann man nun in solch einer Situation gezielt Beziehungsressourcen nutzen, wenn die Stressreaktion bereits voll ausgeprägt ist? Neben einigen anderen Maßnahmen begann Valentina M. wieder ihre alte Lerngruppe zu aktivieren. Am Anfang des Studiums traf sie sich mit befreundeten Studenten zum Lernen, was ihr viel mehr Spaß machte. Sie lachten viel dabei, bauten sich gemeinsam Eselsbrücken und kochten in den Lernpausen. Diese sehr erfolgreiche Gruppe hatte sich nach und nach mit zunehmendem Druck verloren. Da sie sah, wie viel mehr ihr das Lernen damals Spaß gemacht hatte, beschloss sie, die Gruppe wieder zu aktivieren. Das Lernen fiel ihr anfangs zwar leichter, immer wieder plagten sie aber Zweifel, ob sie nicht doch besser und effektiver allein lernen würde. Sie entschied sich aber für das Lernen mit ihren Freunden. Sie genoss den Kontakt und intensiven Austausch, konnte sich zunehmend besser konzentrieren, lernte in kürzerer Zeit, auch die Prüfungen meisterte sie deutlich weniger aufgeregt als die letzten. Im Nachhinein beschrieb sie die Zeit vor den Prüfungen trotz großem Druck als deutlich angenehmer. An das Herzrasen konnte sie sich kaum mehr erinnern.

MAN WEISS INZWISCHEN,
dass immer dann, wenn wir gemeinsam mit Freunden eine Herausforderung bewältigen, unser Stresslevel deutlich sinkt. Die erste wissenschaftliche Untersuchung dazu war ein reines Zufallsprodukt. Die Wissenschaftler setzten einen Affen allein in einen Käfig in einer ihm unbekannten Umgebung. Wie erwartet reagierte er mit einer Stressreaktion. Um die Werte zu vergleichen, setzten sie einen befreundeten Affen zu ihm in den Käfig und wiederholten den Versuch. Die Überraschung war groß, als bei beiden keine Stresswerte mehr messbar waren. Es stellte sich heraus, dass sich keine Stressreaktion einstellte, wenn ein Affe einen Freund an seiner Seite hatte.

Zwei Entscheidungsvarianten

Wir stellen Ihnen nun wieder zwei Entscheidungsmöglichkeiten vor. Karla M. muss noch eine Präsentation fertigstellen. Sie ist bereits bei dem Gedanken an den Termin aufgeregt:

→ *Die Entscheidung nach dem Mangelprinzip:* In der Arbeit macht sie keine Pausen mehr, weil sie glaubt, dass sie nun ihre ganze verbleibende Zeit und Energie für immer die Vorbereitung nutzen muss. Sie schließt die Bürotür, um nicht gestört zu werden. Am

Abend sagt sie die Verabredung mit ihrem Partner ab. Erschöpft sitzt sie abends vor dem Fernseher, als sie müde ins Bett geht, kreisen ihre Gedanken um den bevorstehenden Termin.

→ *Das Vorgehen in der Strebervariante:* Sie beschließt einen Richtungswechsel. Sie nutzt ihre Pausen für Gespräche mit den Kollegen, denen sie ihre Sorgen mitteilt. Sie unterstützen sie mit Tipps und Tricks. Zudem bespricht sie die Inhalte mit ihrem Chef, der sich gerne Zeit für sie nimmt. Sie fühlt sich nun viel sicherer. Sie sagt ihre Verabredung nicht ab und genießt einen entspannten Abend mit dem Partner.

Die zwei Varianten unterscheiden sich im zeitlichen Aufwand nur wenig, die Art und Weise der Vorbereitung, die Wirkung und das Ergebnis unterscheiden sich jedoch erheblich. Obwohl die zweite Variante vielleicht zunächst wenig zielgerichteter erscheint, ist sie von großem Wert für einen kühlen Kopf und mehr Sicherheit und Motivation.

Die Pflege sozialer Kontakte wird in der Glücksforschung mit ihren zahlreichen Forschungsansätzen als ein wesentlicher Faktor zum Glück benannt. Gerald Hüther ist im Zusammenhang der Stress- und Angstforschung davon überzeugt, dass gute Beziehungen unser Stressniveau senken und wieder Ordnung in das ausgebrochene Chaos bringen können.

Koordinate »Schlaf«

Schlaf ist Wellness für Kopf und Körper

Wir brauchen Schlaf, das ist unumstritten. Bei der Schlafmenge muss differenziert werden, wie viel Schlaf wir brauchen. Das sind je nach Typ zwischen 6 und 8 Stunden, später im Alter sinkt unser Schlafbedürfnis auf 5–6 Stunden, während Kinder 10 Stunden und Säuglinge bis zu 20 Stunden im Schlaf verbringen. Schlafen wir täglich aber nur fünf bis sechs Stunden, leiden wir bereits unter einem Schlafdefizit mit Auswirkungen auf unsere körperliche und psychische Gesundheit. Viele Erwachsene schlafen zu wenig, Jugendliche zieht es noch weniger in die Betten. Ein Forscherteam des Dillenburger Instituts für Gesundheitsforschung und des schlafmedizinischen Zentrums in Marburg kam zu dem Ergebnis, dass zwei von drei Jugendlichen zu wenig schlafen. Dabei gibt es keine festen Vorschriften, wann und wie wir schlafen sollen. Es gibt Nachteulen, Morgenmuffel und Frühaufsteher. Es gilt lediglich, persönliche Vorlieben, Privat- und Berufsleben mit dem eigenen Rhythmus zu vereinbaren. Wir tun gut daran, auf ausreichend Schlaf zu achten. Schlafen wir über längere Zeit zu wenig, riskieren wir, dass wir unser Immunsystem schwächen und unseren Stoffwechsel entgleisen lassen, was auch mehr Pfunde auf der Waage zur Folge hat. Aber auch bereits bei einer Nacht ohne Tiefschlaf sinkt unsere Leistungsfähigkeit, mangelt es uns an Konzentration und körperlicher Fitness. Schnell haben wir das Gefühl, dass der Kopf uns seinen Dienst versagt und den ganzen Tag hinterherhinkt. Wissenschaftler testeten, welche Auswirkungen ein akuter Schlafmangel hat. Die Testpersonen, die mit vier Stunden Schlaf auskommen mussten, waren neben den kognitiven Einschränkungen auch messbar gestresst. So wurden am Abend überdurchschnittlich hohe Werte des Stresshormons Cortisol im Blut gemessen. Mit hohem Cortisolspiegel nehmen die Killerzellen ab, wodurch die Immunabwehr geschwächt wird.

Für den Fall, dass wir unter der Woche zu wenig Schlaf abbekommen, sollten wir spätestens am Wochenende die versäumte Regeneration in den Federkissen nachholen und auch in den folgenden Wochen auf ausreichend Schlaf achten.

Ist uns ausreichend Schlaf vergönnt, beginnen wir den Tag erholt. Wir sind leistungsfähiger, arbeiten konzentrierter und sind überdies noch besser gelaunt. Zudem ist unser Immunsystem dank Regeneration besser gefeit gegen Krankheiten, Bakterien, Viren, aber auch schlecht gelaunte Kollegen können uns weniger anhaben.

★ **Quickwin:** Von Experten wird gerne ein Mittagsschläfchen, je nach Möglichkeit, empfohlen. Ein Nickerchen im Büro ist kein Ausdruck von Faulheit, sondern von Schläue, denn es ist erwiesen, dass man bereits nach 30 Minuten wieder enorm an Leistungsfähigkeit gewinnt.

Leider ist uns der tiefe Schlaf nicht immer vergönnt, und der Spruch »Ein gutes Gewissen ist ein sanftes Ruhekissen« hat zwar einen hohen Wahrheitsgehalt, stimmt aber nicht immer. Manchmal bereiten uns Probleme oder unerledigte Arbeiten einen unruhigen oder gar keinen Schlaf. So klagt je nach Studie zwischen einem Drittel bis zur Hälfte der deutschen Bevölkerung über Schlafstörungen. Die hohe Dichte an Erlebnissen am Tag und der schlechte Umgang mit Stress vermiesen uns den Schlaf, genau dann, wenn wir ihn dringend für unsere Regeneration bräuchten. Unser Gehirn läuft auch nach Arbeitsende noch auf Hochtouren und ist viel zu aktiv, als dass es abschalten könnte. Es braucht eine Phase der Ruhe, um in wohligen Schlaf zu fallen.

Langsames Abschalten ist der beste Weg zum Schlaf

Damit wir langsam abschalten können, sollten wir unserem Körper signalisieren, dass er zur Ruhe kommen darf. Mit der Dunkelheit kommt das Hormon Melatonin ins Spiel. Es wird aus unserem Glückshormon Serotonin gebildet, das wiederum dann gebildet wird, wenn genügend Tryptophan bereitsteht, das wir mit der Nahrung aufnehmen. Unser Stoffwechsel ist ein Wenn-dann-System, eins baut auf das andere auf. Haben wir zu viel Stress und stehen nicht die notwendigen Grundstoffe zur Verfügung, gerät das ausgeklügelte System ins Stocken. Kein Tryptophan, kein Serotonin, das notwendig für die beruhigende Melatoninproduktion ist. Melatonin wird wiederum lichtabhängig ausgeschüttet. Das heißt, Licht hemmt die Ausschüttung von Melatonin, und es kann erst dann seinen Dienst tun, wenn die Dämmerung einsetzt und das Licht weniger wird. Hier lauert ein weiterer Schlaffeind, nämlich das künstliche Licht. Es verlängert den Tag und signalisiert dem Körper, dass der Tag noch nicht zu Ende ist und keine Veranlassung besteht, auf den Ruhemodus umzustellen und den Schlaf einzuläuten.

★ **Quickwin:** Vermeiden Sie abends helles Licht und zu langes Arbeiten am Bildschirm oder Fernseher. Das blaue Bildschirmlicht signalisiert dem Körper Aktivität. Besser bei Kerzenschein mit dem Partner den Tag Revue passieren lassen, Musik hören oder ein Buch lesen. Auch der spannende Krimi am Abend kann uns Herzklopfen bescheren und noch lange nicht abschalten lassen.

Regeneration und Verarbeitung im Schlaf

Auch der Hippocampus, also die Gehirnregion, die für das Abspeichern von Erlerntem zuständig ist, wird vom Schlaf positiv beeinflusst. Er wird auch als Tagesgedächtnis bezeichnet und hat die Aufgabe, das am Tag Erlebte oder Erlernte zwischenzuspeichern. In der Nacht werden die Informationen dann weiterverarbeitet, sortiert und in das Langzeitgedächtnis transportiert. Die emotionale Verarbeitung des Tagesgeschehens geschieht hauptsächlich im REM-Schlaf. REM steht für Rapid Eye Movement und ist durch schnelle Augenbewegungen gekennzeichnet. In dieser Schlafsequenz wird das Tagesgedächtnis wieder für den nächsten Tag geleert. Ist die Zeit dafür zu kurz, beziehungsweise unser Hippocampus zu voll, misslingt die vollständige Weiterleitung und Verarbeitung des Erlebten. Dies passiert besonders dann, wenn wir zu viel erlebt haben oder die Geschehnisse mit tiefen Emotionen verbunden sind. Vereinfacht ausgedrückt, reicht die Zeit nicht für die Bearbeitung der großen Datenmengen aus. Unser Hippocampus kann über Nacht nicht ausreichend geleert werden. Dann passiert es, dass sich uns die Erlebnisse des Vortages mit der gleichen Präsenz anbieten, als wäre es gerade eben geschehen. Es konnte noch nicht ausreichend verarbeitet werden und ist erst einmal in der Warteschleife. Wir kauen es dann täglich, wie eine wiederkauende Kuh, wieder und wieder durch, bereiten es erneut auf, beleuchten das Problem von Neuem und nehmen es wieder mit in den Schlaf. Dann entscheidet es sich von Neuem, ob das Problem mit seiner Datenmenge klein und handlich genug ist, um den Tagesnotizblock zu verlassen. Erst wenn dies gelingt und unser Hippocampus ausreichend geleert ist, sind wir wieder offen für den kommenden Tag, können neues Erlebnis-»Material« aufnehmen und bearbeiten. Solange wir mit den »ollen Kamellen« von gestern oder vor einem Monat beschäftigt sind, ist unser Arbeitsspeicher einfach zu voll für die Gegenwart, das heißt leider auch für berufliche oder schulische Anforderungen.

»Jede schwierige Situation, die du jetzt meisterst, bleibt dir in Zukunft erspart.« (Dalai Lama)

Grundsätzlich gilt: Je besser die Lösung, Aufbereitung, Verpackung, Bewältigung, Strukturierung am Tag, umso besser funktioniert die Weiterverarbeitung in der Nacht. Damit nichts ins Stocken gerät, können wir viel tun.

ÜBUNG

Meist finden wir nicht in den Schlaf oder wachen vorzeitig auf, wenn wir das Gefühl haben, den Überblick zu verlieren oder unseren Tagesablauf nicht mehr kontrollieren zu können. Das bedeutet: Verschaffen Sie sich Überblick über das, was Sie belastet. Nehmen Sie sich ein Blatt Papier und einen Stift.

➜ Notieren Sie in der Mitte des Zettels das Hauptproblem.

➜ Im nächsten Schritt schreiben Sie alles auf, was Ihnen dazu einfällt. Notieren Sie alle Gedanken, die Ihnen dazu durch den Kopf gehen.

➜ Betrachten Sie Ihr Werk, machen Sie Ergänzungen.

➜ Legen Sie Ihr Werk beiseite, Sie haben nun genug getan, und machen Sie etwas anderes.

➜ Betrachten Sie es nach einem Tag erneut, ergänzen Sie es mit neuen Erkenntnissen, Betrachtungen und legen Sie es wieder weg.

➜ Gehen Sie fünf Tage so vor.

Die Erfahrung zeigt, dass das Niederschreiben der Belastung einen großen Nutzen für uns hat. Es hilft zu ordnen, Übersicht zu gewinnen, gleichzeitig wird Belastendes verarbeitet. Experten gehen davon aus, dass die Entlastung in drei Schritten geschieht. Der erste Schritt ist die Anerkennung der Belastung, der zweite die Strukturierung und Auseinandersetzung, der dritte Schritt die Lösung oder das Loslassen des Themas. Räumen Sie sich dafür 15 Minuten Zeit am Tag ein.

Wem das zu aufwendig erscheint, ist folgende Übung zu empfehlen:

➜ Überlegung 1: Was belastet mich an dieser Situation?

➜ Überlegung 2: Wie hoch ist meine aktuelle Belastung auf einer Skala von eins bis zehn? (Zehn steht für sehr belastend, null für gar keine Belastung)

➜ Überlegung 3: Wie stark wird mich diese Situation in vier Wochen belasten?

➜ Schätzen Sie nun noch einmal den aktuellen Grad der Belastung. Die Erfahrung zeigt, dass dieser dann deutlich geringer ist. Meist stellt sich heraus, dass die Situation nicht so dramatisch ist wie anfänglich angenommen. Wenn sich keine Verbesserung zeigt, sollten Sie auf alle Fälle doch etwas mehr Zeit in die vorherige Übung investieren.

Zwei Entscheidungsvarianten

Zum Ende des Kapitels wenden wir uns wieder unterschiedlichen Entscheidungsmöglichkeiten, nun am Beispiel von Ingenieur Max K., zu, der abends auf der Couch liegt und fernsieht. Er weiß, dass er morgen früh aus dem Bett muss und ein anstrengender Tag in der Arbeit auf ihn wartet. Betrachten wir die folgenden zwei Entscheidungsmöglichkeiten und ihre unterschiedliche Wirkung auf sein Wohlbefinden und seine Leistungsfähigkeit:

1. *Die Entscheidung nach dem Mangelprinzip:* Er bleibt auf der Couch liegen und schaut sich einen spannenden Film bis zum Ende an. Er

meint, mit einer Kanne Kaffee, gutem Willen und Konzentration müsste der nächste Arbeitstag zu schaffen sein. Er quält sich morgens pünktlich aus dem Bett und dann in die Arbeit. Dort unterlaufen ihm mehrere Fehler, er ist schließlich genervt und sehnt seinen Feierabend herbei. Endlich zu Hause will er seine Ruhe haben.

2. *Das Vorgehen in der Strebervariante:* Max K. möchte den Film zu Ende schauen, gibt sich aber einen Ruck und geht ins Bett. Am nächsten Tag ist er ausgeschlafen und geht gut gelaunt in die Arbeit, wo er die vielen Aufgaben zügig erledigen kann. In der Kantine trifft er zufällig Veronika, die ihm schon länger gut gefällt, und verabredet sich mit ihr für den Abend. Er freut sich auf einen schönen Abend.

Die Auswirkungen der zwei Varianten unterscheiden sich in ihrem Ergebnis erheblich. Je nach Weichenstellung am Abend verläuft der Tag sehr unterschiedlich. Was können wir tun, um leichter in den Schlaf zu fallen? Hier ein paar Ergänzungen zur Strebervariante:

★ **Quickwins** für den Körper, damit er leicht in den Schlaf fällt:

- ★ Planen Sie am Abend genügend Zeit ein fürs Abschalten, sorgen Sie für Ruhe vor dem Zubettgehen.
- ★ Haben Sie Vertrauen in Ihren Körper, er weiß, wie man schläft. Das heißt, arbeiten Sie nicht gedanklich am Schlaf, sondern überlassen Sie diese Aufgabe Ihrem Körper.
- ★ Gehen Sie immer etwa zur gleichen Zeit ins Bett, der Körper gewöhnt sich daran. Auch am Wochenende sollten Sie nicht mehr als 30 Minuten variieren.
- ★ Beenden Sie den Tag mit einem Ritual, z. B. einer Tasse Tee, Katze oder Partner kraulen etc.
- ★ Machen Sie nach 15.00 Uhr keine Nickerchen mehr, Ihr Körper findet sonst nicht mehr so leicht in den Schlaf.
- ★ Vermeiden Sie helles Licht, wenn Sie in der Nacht aufstehen, und sehen Sie nicht auf die Uhr.
- ★ Strengen Sie sich tagsüber körperlich an oder treiben Sie Sport.

BILATERALE ÜBUNG:

Viele Klienten haben mit dieser Übung sehr positive Erfahrungen gemacht und über Jahre als Einschlafritual beibehalten.

Vor dem Einschlafen stellen Sie sich drei Fragen und beantworten diese für sich:

1. Frage: Was war heute am schönsten?

2. Frage: Was war heute am unbedeutendsten?

3. Frage: Auf was freue ich mich morgen am meisten?

Gehen Sie mit diesem Gedanken, malen ihn aus und erleben Sie ihn kurz vorab. Dabei überkreuzen Sie die Arme vor dem Oberkörper und klopfen im eigenen Rhythmus abwechselnd rechts und links auf Schulter oder Oberarme (Butterfly). Was es mit dem Rechts-links-Geklopfe bzw. dem Tappen auf sich hat, erfahren Sie auf S. 92 ff.

Diese Übung eignet sich auch hervorragend als Einschlafritual für Kinder. Dabei stellen Sie als Eltern die Fragen und übernehmen auf Wunsch das Tappen.

Schlussgedanken

Eigentlich wissen wir sehr viel. Wir müssen essen, trinken und schlafen. Wenn wir Freunde treffen und mit unserer Familie in gutem Kontakt sind, eine positive Sicht auf uns und auf die Welt haben, geht es uns gut. Wir haben viele Möglichkeiten, unsere Ressourcen zu nutzen und uns in positive Schwingungen zu versetzen. Die Frage ist, was uns letztendlich davon abhält, unser Wissen in tägliches, konsequentes Handeln umzusetzen. Ist es Lethargie oder einfach nur Dummheit? Wenn eines von beiden zutrifft, sind Sie entschuldigt. Wir nehmen Sie aus der Pflicht und machen die Gene, die Gesellschaft und Ihre widrigen Lebensumstände dafür verantwortlich.

Für alle anderen gibt es zwei alles entscheidende Fragen:

1. Was bin ich mir wert?

2. Was bin ich bereit, dafür zu tun?

Will ich auf dem Niveau einer alten erschöpften Schachtel leben mit der Gefahr, einen Burnout zu entwickeln, oder doch lieber als schöner Geschenkkarton glänzen? Wir raten wie immer zur Strebervariante: zum Geschenkkarton. Wir würden uns freuen, wenn wir Sie ermutigen konnten, Ihr Wohlbefinden und Ihre Widerstandskraft eigenverantwortlich selbst in die Hand zu nehmen und aktiv dafür einzustehen. Dabei wünschen wir Ihnen von Herzen viel Erfolg und Freude am Gestalten.

Annette Schauer und Ursula Wawrzinek

Quellenangaben

[1] Burisch M., 2010, Das Burnout-Syndrom: Theorie der inneren Erschöpfung, Und Maslach et al. 2009

[2] US Shark Foundation, Gary und Brenda Adkison, P.O Box 970429, Coconut Creek, Fl, 33097, USA

[3] Hüther 2012, Wie aus Stress Gefühle werden, 66 ff.

[4] Grawe 2004, Neuropsychotherapie, 72 ff.

[5] Marucha P., Kiecolt Glaser J., Favagehi M., 1998, Mucosal wound healing is impaired in examination stress, Psychosom. Med 60, 362–365

[6] Price et al., 2001

[7] Bartens, 2010, Körperglück, Wie gute Gefühle gesund machen, 41 ff.

[8] Tanja Baum, 2008, Die Kunst, freundlich Nein zu sagen: Konsequent und positiv durch Beruf und Alltag

[9] Dr. v. Saldern, 2008, Nationale Verzehrsstudie II des Bundesministeriums für Ernährung, Landwirtschaft und Verbraucherschutz (20 000 Studien-Teilnehmer im Alter von 14–80 Jahren)

[10] Die Welt, 25. 01. 2008

[11] Kulling S.E. & Rawel H.M. (2008), Chokeberry (Aronia melanocarpa) – A review on the characteristic components and potential health effects. Planta medica 74: 1625–1634

[12] Der Spiegel 52/2008, 114

[13] Steffny Herbert, 2009, Das große Laufbuch, 162

[14] Ulrich Strunz, 2010, das geheimnis der gesundheit, verblüffende erkenntnisse aus der welt der medizin

[15] Ulrich Strunz, 2010, laufend gesund, so mobilisieren sie die heilende kraft ihres körpers

[16] Ditzen, Neumann, Bodenmann, von Dawans, Turner, Ehlert, Heinrichs: Effects of different kinds of couple interaction on cortisol and heart rate responses to stress in women. Psychoneuroendocrinology, 2007, 32: 565

[17] Bartens, 2010, Körperglück, Wie gute Gefühle gesund machen, 64 ff.

Weiterführende Literatur:

Mehr zu EMDR:
David Grand 2011, EMDR – Ein Durchbruch in der Psychotherapie
Francine Shapiro, Margot Silk Forrest, Theo Kierdorf und Hildegard
Höhr von Junfermann (2007) EMDR in Aktion: Die neue Kurzzeit–
Therapie in der Praxis

Mehr dazu, wie sich Körper und Geist bedingen:
Antonio Damasio 2011, Selbst ist der Mensch, Körper, Geist und die
Entstehung des menschlichen Bewusstseins
Joachim Faulstich 2010, Das Geheimnis der Heilung, Wie altes Wissen die Medizin verändert
Bartens 2010, Körperglück, Wie gute Gefühle gesund machen

Mehr über Stress und Verarbeitungsmechanismen:
Gerald Hüther 2012, Biologie der Angst, Wie aus Stress Gefühle werden

Mehr über erfolgreiche Kommunikation:
Ursula Wawrzinek 2013, Vom Umgang mit sturen Eseln und beleidigten Leberwürsten, Wie Sie Konflikte kreativ lösen
Tanja Baum 2008, Die Kunst, freundlich Nein zu sagen: Konsequent und positiv durch Beruf und Alltag

Links zum Thema:

Hochwertige Säfte und Tipps rund um die Ernährung:
www.cellagon.de
Bilaterale Musik:
www.emdr-akademie.de/artikel/emdr-musik-und-editationen.html
www.biolateral.com
Brille für bilaterale Stimulierung:
www.eyemotion-glasses.de
Online-Ressourcen- und Stärkentest der Uni Zürich:
www.charakterstaerken.org
Selbstlern-Kurse im Online-Ratgeber:
www.zeitzuleben.de
Online-Ratgeber zum Thema Selbst- und Zeitmanagement:
http://checkliste.de/selbstmanagement/zeitmanagement/

Über die Autorinnen erfahren Sie mehr unter:

Ursula Wawrzinek: www.konfliktberaterin.de
Annette Schauer: www.annette-schauer.de, www.therapy-network.de

Die von mir (Annette Schauer) geprüften und für gut befundenen Produkte können Sie auch gerne bei mir über meine Seite beziehen.